MARCO POLO

KO SAMUI

KO PHANGAN

MARCO POLO KOAUTOR

Mark Markand

Der Autor und Fotograf reist jedes Jahre mehrere Monate durch Südostasien, um seine Bücher über Myanmar, Thailand, Kambodscha und Vietnam immer auf dem neuesten Stand zu halten, und berichtet von seinen Reisen auch auf www.markand-travel.com. Ko Samui und Ko Phangan gehören zu seinen Lieblingsplätzen in Thailands schönem Süden.

REIN INS ERLEBEN

Mit dem digitalen Service von MARCO POLO sind Sie noch unbeschwerter unterwegs: Auf den Erlebnistouren zielsicher von A nach B navigieren oder aktuelle Infos abrufen – das und mehr ist nur noch einen Fingertipp entfernt.

Hier geht's lang zu den digitalen Extras:

http://go.marcopolo.de/ksm

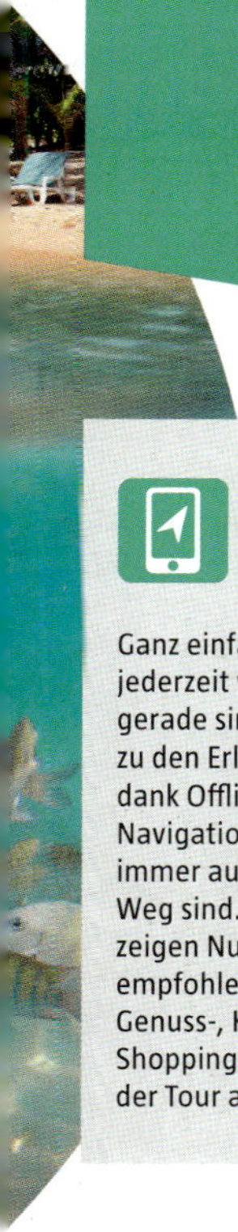

Touren-App

Ganz einfach orientieren und jederzeit wissen, wo genau Sie gerade sind: Die praktische App zu den Erlebnistouren sorgt dank Offline-Karte und Navigation dafür, dass Sie immer auf dem richtigen Weg sind. Außerdem zeigen Nummern alle empfohlenen Aktivitäten, Genuss-, Kultur- und Shoppingtipps entlang der Tour an.

HTTP://GO.MARCOPOLO.DE/KSM

Update-Service

Immer auf dem neuesten Stand in Ihrer Destination sein: Der Online-Update-Service bietet Ihnen nicht nur aktuelle Tipps und Termine, sondern auch Änderungen von Öffnungszeiten, Preisen oder anderer Angaben zu den Reiseführerinhalten. Einfach als PDF ausdrucken oder für Smartphone, Tablet oder E-Reader herunterladen.

SYMBOLE
- INSIDER TIPP Insider-Tipp
- ★ Highlight
- ●●●● Best of ...
- Schöne Aussicht
- Grün & fair: für ökologische oder faire Aspekte
- (*) Kostenpflichtige Telefonnummer

PREISKATEGORIEN HOTELS

€€€	über 50 Euro
€€	30–50 Euro
€	bis 30 Euro

Die Preise gelten für ein Doppelzimmer bzw. für einen Strandbungalow für zwei Personen in der Hochsaison

PREISKATEGORIEN RESTAURANTS

€€€	über 7 Euro
€€	4–7 Euro
€	bis 4 Euro

Die Preise gelten für ein einfaches Hauptgericht ohne Getränke

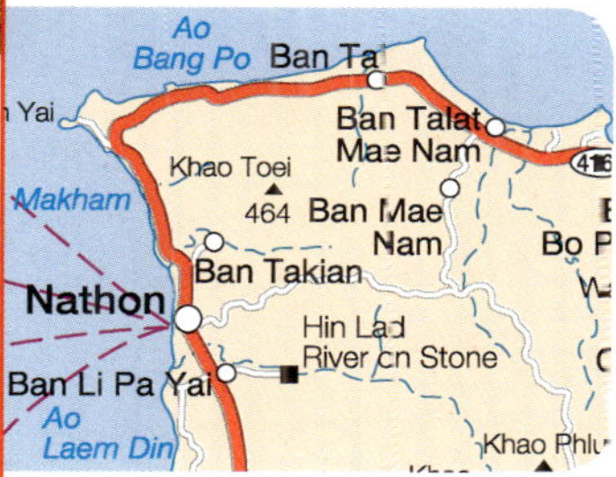

GUT ZU WISSEN

Geschichtstabelle → S. 14
Spezialitäten → S. 28
Bücher & Filme → S. 41
Allzweckbaum Kokospalme → S. 48
Schattenwelt → S. 60
Tätowierungen → S. 70
Familienbande → S. 80
Feiertage → S. 105
Wetter → S. 114
Währungsrechner → S. 115
Thai → S. 117

KARTEN IM BAND

(122 A1) Seitenzahlen und Koordinaten verweisen auf den Reiseatlas
(0) Ort/Adresse liegt außerhalb des Kartenausschnitts
Es sind auch die Objekte mit Koordinaten versehen, die nicht im Reiseatlas stehen
Karte von Nathon → S. 64

(A–B 2–3) verweist auf die herausnehmbare Faltkarte

UMSCHLAG VORN:
Die wichtigsten Highlights

UMSCHLAG HINTEN:
Übersichtskarte Südthailand

Die besten MARCO POLO Insider-Tipps

Von allen Insider-Tipps finden Sie hier die 15 besten

INSIDER TIPP Morgendlicher Sonnengruß

Wer nicht gleich einen mehrtägigen Yogakurs belegen möchte, kann im Resort *The Sanctuary* auf Ko Phangan nach Lust und Laune an den täglichen *classes* teilnehmen → S. 88

INSIDER TIPP Wohnen mit Buddha

Buddhas strahlen golden im Boutiquehotel *L'Hacienda* in Bo Phut. Und vom Roofpool leuchtet Ihnen das Meer entgegen → S. 38

INSIDER TIPP Fünf Inseln auf einer Tour

Mal Robinson spielen? Mit dem privaten Longtailboot raus zu den *Five Islands* vor Samuis Westküste. Und sich danach in einem Toprestaurant verwöhnen lassen → S. 62

INSIDER TIPP Pagode am Beach

Laem Sor Chedi in der Thong Krut Bay ist ein wenig bekanntes Wahrzeichen direkt am felsigen Strand und gerade deshalb einen Abstecher wert (Foto o.) → S. 59

INSIDER TIPP Dinner im Boot

Einen ungewöhnlichen Ort, um den Drink zum Sonnenuntergang oder frisches Seafood zu genießen, bietet das *Fisherman's* in Ban Tai: Nehmen Sie Platz im Longtailboot → S. 69

INSIDER TIPP Traumhafte Ruhe

In den *Thong Son Bay Bungalows* sind die Ruhe und die entspannte Atmosphäre der größte Luxus → S. 43

INSIDER TIPP Auf den Klippen

Pfahlbungalows am Felsenhang hoch über dem Strand: Das *Plaa Thansadet Resort* auf Ko Phangan bietet höchsten Chill-out-Faktor – sogar im Restaurant haben Sie eine tolle Aussicht → S. 74

INSIDER TIPP Schnecken und Mangokuchen

Im *Peppercorn* auf Ko Phangan können Sie schlemmen wie Gott in Frankreich – und mit dem Chef auch deutsch sprechen → S. 79

INSIDER TIPP Kulinarischer Ausflug in den Nordosten

Wer in den Süden Thailands fährt, muss auf die Spezialitäten aus anderen Landesteilen nicht verzichten: Im *Esarn Inter Restaurant* am Lamai Beach wird scharfe Küche aus dem Norden des Landes in schlichter Umgebung serviert → S. 53

INSIDER TIPP Auf der Spur der Monarchen

Die *Wasserfälle von Than Sadet* erfreuten schon die Regenten König Chulalongkorn und König Bhumibol → S. 73

INSIDER TIPP Freundlich und familiär

Die *Lolita Bungalows* am Mae Nam Beach haben zu Recht seit Jahren eine treue Fangemeinde → S. 36

INSIDER TIPP Fotos wie gemalt

Traumhaft schöne Bilder, mit der Kamera gemalt, präsentiert der Topfotograf Cameron Hansen in seiner besuchenswerten *Galerie* in den Bergen → S. 41

INSIDER TIPP Resort für Romantiker

Der *Blue Ocean Garden* am Chao Pao Beach ist mit seinem paradiesischen Garten, den gemütlichen Bungalows und der Strandidylle vor der Haustür der perfekte Ort für ungestörte Zweisamkeit. Für das leibliche Wohlbefinden sorgen ein Massagepavillon und das gute Restaurant → S. 78

INSIDER TIPP Schwitzen im Kloster

Buddhas Segen haben Sie, wenn Sie in diesem Kloster ins Schwitzen kommen. Im *Wat Pho* auf Ko Phangan sind die Kräutersauna und die großzügige Gartenanlage zum anschließenden Entspannen für jeden Glauben offen → S. 69

INSIDER TIPP Party ohne Mond

Nicht nur die weltberühmte Full Moon Party macht Ko Phangan zum Hotspot für Raver aus aller Welt: Auch zum *Black Moon* steigt eine Megaparty am Strand, die der zum vollen Mond in nichts nachsteht (Foto u.) → S. 104

BEST OF ...

TOLLE ORTE ZUM NULLTARIF

Neues entdecken und den Geldbeutel schonen

SPAREN

● ***Filmreifer Strand***

Open-Air-Kino am Beach: Am Hat Tien baut das Resort *The Sanctuary* jeden Dienstagabend eine Leinwand auf, über die anspruchsvolle Streifen wie etwa über das Leben des Dalai Lama oder die Wunder der Natur flimmern. Bei freiem Eintritt darf jeder gucken → **S. 73**

● ***Dschungelbad***

Baden und entspannen im Dschungel: Es rauscht gewaltig, wenn nach der Regenzeit die *Wasserfälle von Na Muang* auf Ko Samui in die Tiefe stürzen (Foto). Das Wasser hat natürliche, für jedermann zugängliche Pools in den Fels gegraben. Einfach reinlegen und genießen → **S. 55**

● ***Begegnung mit einem Mönch***

Der mumifizierte Mönch in *Wat Kiri Wongkaram* ist wie sein Glaubensbruder in Wat Khunaram seit Jahrzehnten das Ziel einheimischer Pilger. Während der letztgenannte Tempel ziemlich überlaufen ist, herrscht im abgelegeneren Kiri Wongkaram noch eine beschaulichere Atmosphäre. Der Eintritt ist frei, eine Spende willkommen → **S. 61**

● ***Resort zum Schmökern***

Der Name ist Programm: Das Resort *The Library* auf Ko Samui trägt seinen Namen absolut zu Recht. Hotelgäste wählen nach Lust und Laune aus über 1000 (englischsprachigen) Büchern aus oder legen einen von über 1000 Filmen in die DVD-Player ihrer Zimmer ein → **S. 49**

● ***Mit dem Kajak durch die Santi-Bucht***

Gemächlich am 5 km langen Strand der Santi-Bucht entlangpaddeln ... Gäste des *Rajapruek Samui Resort* können sich kostenlos Kajaks für individuelle Bootstrips ausleihen → **S. 63**

● ***Ab in die Botanik***

Das Strandresort *The Imperial Samui* liegt eingebettet in eine grüne Oase mit vielen Blumen, Sträuchern und Bäumen. Bei kostenlosen botanischen Führungen wird Hotelgästen die tropische Fauna jeden Donnerstag und Sonntag erklärt → **S. 51**

●●●● Diese Punkte zeichnen in den folgenden Kapiteln die Best-of-Hinweise aus

TYPISCH KO SAMUI

Das erleben Sie nur hier

Party unterm vollen Mond

Tanz auf Sand: Wenn der Mond rund wie ein Pfannkuchen am Himmel steht, steigt auf Ko Phangan die größte Beachparty der Welt. Am Strand von Hat Rin tanzen Tausende Raver bei der *Full Moon Party* zu Techno, Rock und Reggae, bis die Sonne aufgeht → S. 104

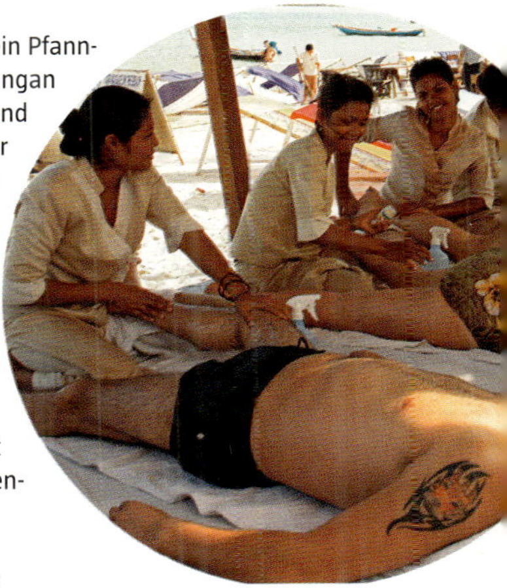

Dinner am Strand

Sanfter Fackelschein, Meeresrauschen im Hintergrund, auf dem Tisch den auf Holzkohle gegrillten Fisch – romantischer als direkt am Strand können Sie nicht dinieren. Zu Sonnenuntergang verwandelt sich der *Chaweng Beach* in ein riesiges Open-Air-Restaurant → S. 47

Mit dem Longtailboot zum Schnorcheln

Die traditionellen *Longtailboote* sind außerordentlich wendig und ideal, um zu den vorgelagerten Inselchen zu knattern, z. B. zum Inselwinzling Ko Tan vor der Südküste Samuis, wo Sie die besten Schnorchelgründe finden → S. 60

Wohnen wie die Hippies

Das Dach aus Palmlaub, die Wände aus Bambusmatten, fertig ist der traditionelle Bungalow. Auf Ko Phangan können Sie noch wohnen wie einst die Hippies – bei *Beam Bungalow* am Hat Tien → S. 74

Clubbing

Rein ins Nachtleben! Die Partyszene findet auf Ko Samui in hippen Clubs und Diskos statt. Am Nightlife-Hotspot Chaweng Beach reiht sich eine Location an die andere. Mittendrin das *Green Mango*, in dem 2000 Leute die Luft zum Kochen bringen → S. 48

Buddhas im Dschungel

Buddhastatuen sind in Thailand allgegenwärtig. Ein ganzes Sammelsurium mitten im Dschungel finden Sie jedoch nur auf Ko Samui – in der zauberhaften Welt des *Tamin Magic Buddha Garden* → S. 92

Massage am Strand

Ob Fuß- oder Thaimassage: Auf Ko Samui müssen Sie sich dafür nicht extra in ein Spa begeben, sondern können die Wellnesseinheit an nahezu jedem Strand genießen – auch in *Bo Phut* (Foto) → S. 37

TYPISCH

BEST OF ...

SCHÖN, AUCH WENN ES REGNET

Aktivitäten, die Laune machen

REGEN

Haie und kleine Fische

Wasser gibt's hier nur hinter Glas – drinnen schwimmen Haie, Schildkröten und Schwärme bunter Korallenfische. Machen Sie das Beste aus dem Regenwetter im *Samui Aquarium* → S. 103

Richtig schön verbiegen

Wenn der Regen aufs Dach prasselt, fließen die Yoga-Bewegungen noch mal so weich ineinander. *The Yoga Retreat* auf Ko Phangan vermittelt Ihnen ein ganz neues Körperbewusstsein → S. 79

Selbst ist der Koch

Wie kommt die scharf-säuerliche Würze in die Garnelensuppe? Wer's wissen will, stellt sich selbst an den Wok. Bei einem Kochkurs im *Samui Institute of Thai Culinary Arts* erlernen Sie die hohe Kunst der thailändischen Küche (Foto) → S. 47

Lesestoff aus zweiter Hand

Die mitgebrachte Lektüre haben Sie schon durch, und es regnet immer noch? Im *Island Books* am Lamai Beach warten über 18 000 gebrauchte Bücher auf Leseratten, auch deutschsprachige Exemplare → S. 55

Ab ins Kino

Wenn der Strandgang ins Wasser fällt, ist der Fernseher im Hotelzimmer trotzdem nicht die einzige Alternative, um etwas zu sehen. Im Kino des Einkaufszentrums *Tesco Lotus* auf Ko Samui flimmern Filme auf drei Leinwänden → S. 48

Hemd wie Hose

Egal, wie lange es regnet – im *Fisherman's Pants Shop* am Lamai Beach können Sie ewig stöbern. Nirgendwo finden Sie eine größere Auswahl an traditionellen Thai-Fishermen-Hosen und anderen exklusiven Kleidungsstücken aus Baumwolle, Seide, Hanf und Leinen → S. 53

ENTSPANNT ZURÜCKLEHNEN

Durchatmen, genießen und verwöhnen lassen

ENTSPANNT

Urlaub für die Seele

Wer sein inneres Selbst entdecken will, wird auf Ko Phangan fündig. Thailands Partyinsel Nummer eins ist auch das meditative Zentrum für ausländische Selbstsucher. Bei Meditationskursen im Kloster *Khao Tahm* urlaubt die Seele auf der Reise nach innen → S. 69

Wellness im Dschungel

Natürlicher kann man nicht entspannen. Die Wellnessoase *Tamarind Springs* auf Ko Samui ist eingebettet in eine Dschungellandschaft. Nach dem Aufheizen in der Höhlensauna geht's zum Abkühlen in einen Felsenteich und dann zur Massage unter freiem Himmel → S. 53

Strandeinsamkeit

Bergflanken schotten die Buchten *Hat Tien* und *Hat Sadet* vom Rest Ko Phangans ab und machen sie zum idealen Rückzugsort für Ruhesuchende – insbesondere im November und Dezember, wenn die Strände witterungsbedingt nur eingeschränkt zu erreichen sind → S. 73

Schaumbad im Freien

Hoch über dem Meer ein Schaumbad unter freiem Himmel – das haben die Villen des Edelresorts *The Tong Sai Bay* auf Ko Samui zu bieten, wo die Badewannen auf den großzügigen Terrassen stehen – gleich neben den Himmelbetten (Foto) → S. 44

Sundowner am Pier

Die Sonne versinkt glutrot im Meer, am Pier gehen die Lichter an und spiegeln sich im Wasser – bei diesem Anblick schmeckt der Sundowner im lauschigen Garten des *Sunset Restaurant* direkt am Strand von Nathon noch mal so gut → S. 64

Völlig schwerelos

Nicht nur im Weltall können Sie Schwerelosigkeit erleben: Auch in Tanks mit konzentriertem Salzwasser schweben Sie wie im siebten Himmel. Herrlich entspannend, und das an einem Ort, wo es auch um Spannung geht: in der Bogenschießanlage des *First Bow & Arrow Club* auf Ko Phangan → S. 82

AUFTAKT

ENTDECKEN SIE KO SAMUI!

Schon die Ankunft auf Ko Samui macht Urlaubslaune! Ko bedeutet Insel – aber diese hier ist eine ganz besondere. Wo sonst auf der Welt landet der Flieger mitten in einem Palmenwald? Fahrer in papageienbunten Hemden holen die Passagiere in offenen Elektrowagen ab, die mit der Blütenpracht der Tropen bemalt sind, und kutschieren sie ins idyllisch-luftige Terminal, das wie ein Strandresort aussieht. Willkommen auf Ko Samui!
Kokospalmen, Traumstrände, bunte Fischerboote auf azurblauem Meer und lächelnde Insulaner – wie ein Puzzle fügen sich Momentaufnahmen zum Bild von den glücklichen Tropen zusammen. Das ist Ko Samui: Thailands ***Insel mit Südseefeeling***. Aber Sie können auch eintauchen in pulsierendes Nachtleben, denn Ko Samui ist Hängematte und Disko, ist leise und schrill, schlicht und chic. Auf der Nachbarinsel Ko Phangan wuchert der Dschungel bis ans Meer. In stillen Buchten bekommen Sie auch heute noch eine Ahnung davon, wie es gewesen sein muss, als die ersten Hippies diese Inseln im Golf von Siam entdeckten. Viele kommen, um unterm vollen Mond mitzufeiern bei der ***größten Beachparty der Welt***. Samui und Phangan: zwei Inseln, ein Tropentraum – immer noch!

Bild: Silver Beach, Thong Takhian Bay, Ko Samui

Dabei waren die Befürchtungen groß, dass der Traum vom Tropenparadies bald ausgeträumt sein würde, als 1988 der Flughafen gebaut wurde. Jedenfalls bei den Rucksackreisenden, die schon mit Fischerbooten nach Ko Samui und Ko Phangan übersetzten, als es hier noch keine klimatisierten Unterkünfte gab, von einer touristischen Infrastruktur ganz zu schweigen. Es stimmt, erst der Airport hat den internationalen Tourismus so richtig angekurbelt. Und so sind die palmlaubgedeckten Bambushütten, in denen die ersten Besucher in den 1970er-Jahren auf Ko Samui nächtigten, längst verschwunden und haben Platz gemacht für insgesamt 17 000 Zimmer in Hotels und Bungalows aller Preisklassen. Richtig ist auch, dass der boomende Tourismus Ko Samui zwar verändert, den Charme der Palmeninsel aber nicht zerstört hat. Fast nirgendwo verschandeln Bettenburgen die Landschaft, noch immer finden Sie ***paradiesische Strände*** und Plätzchen, wo man die Stille buchstäblich hören kann. Und auf Ko Phangan können Sie immer noch in Palmlaubhütten nächtigen wie einst die Hippies.

Der Tourismus hat die Insel zwar verändert, aber nicht zerstört

Ko Samui ist mit 247 km^2 Fläche nicht mal halb so groß wie Ibiza, aber Thailands drittgrößte Insel nach Phuket und Ko Chang. Die 50 000 Insulaner sind mehrheitlich Buddhisten, etwa 20 Prozent beten zu Allah. Aber der unterschiedliche Glaube entzweit sie nicht. Alle gehören sie zum *Chao Samui*, zum Samui-Volk, wie sie sich selbst stolz nennen. Der Inselhauptort Nathon mit seinen 6000 Einwohnern ist die mit Abstand größte Siedlung. Der Tourismus konzentriert sich an den wunderschönen Stränden Chaweng, Lamai und Mae Nam.

8.–11. Jh. Thais wandern aus Südchina ins heutige Thailand ein, das zum großen Teil von kambodschanischen Khmer beherrscht wird

18. Jh. Siedler von der chinesischen Insel Hainan segeln vom Südchinesischen Meer in den Golf von Siam und lassen sich dauerhaft auf Ko Samui nieder

1896 Ko Samui wird offiziell zum Distrikt erklärt und der Festlandprovinz Surat Thani zugeordnet

1932 Nach einem unblutigen Staatsstreich verliert der König seine absolute

In einem farbenprächtigen Tropengarten befindet sich die Tempelanlage von Plai Laem

Die Herkunft der Insulaner verliert sich im Dunkel der Geschichte, es gibt keine schriftlichen Aufzeichnungen. Aber Historiker gehen davon aus, dass die ersten dauerhaften Siedler ab dem 18. Jh. aus China und von der Malaiischen Halbinsel kamen und sich als Fischer und Bauern hier niederließen. Sie lebten in ein paar kleinen Dörfern weitgehend autark von dem, was das Meer und der fruchtbare Inselboden hergaben.

Das Samui-Volk hat chinesische und malaiische Wurzeln

Im Norden der Insel schwappt der Golf von Siam an kilometerlange, feinsandige Strände. Selbst in der Hochsaison können Sie davon ausgehen, mindestens 100 Strandmeter ganz für sich zu haben. Wesentlich belebter sind dagegen die Strände und die ***malerischen Felsenbuchten*** an der Ostküste. Vom Tourismus noch nicht sehr berührt ist die Küste im Süden und Westen, allerdings ist das Wasser hier meist sehr flach.

Macht, und Thailand wird konstitutionelle Monarchie

1939 Das Königreich Siam wird umbenannt in Thailand („Land der Freien")

1946 Der jetzige König Bhumibol Adulyadej besteigt den Thron als Rama IX.

1969 Auf Ko Samui beginnt der Bau einer befestigten Ringstraße

1972 Big Buddha wird errichtet

1988 Die private Fluggesellschaft Bangkok Airways baut den Ko Samui Airport

Der ursprüngliche Regenwald ist bis auf wenige Reste längst abgeholzt, die Tierwelt dezimiert. Aber der Kahlschlag früherer Zeiten hat auf Ko Samui keine Einöde hinterlassen. Sekundärdschungel überzieht nun die bis zu 635 m hohen Berge im Inselinnern. Großartige Kulturdenkmäler sucht man hier vergebens. Die Insulaner wissen, dass die Natur ihr einziges Kapital ist. Und so zerstören keine Bettenburgen die Idylle, auch nicht am Chaweng Beach, dem Hauptstrand.

Die Natur ist das Kapital der Insulaner

Die Ringstraße, die das bergige Inselinnere umzirkelt, ist zwar schmal, aber in einer Hinsicht bewiesen ihre Erbauer ein geschicktes Händchen: Sie zogen sie nicht unmittelbar an den Stränden entlang, sondern ließen zwischen den Buchten und der Straße noch Platz für die künftigen Resorts. Wo auch immer Sie einchecken werden, die Wahrscheinlichkeit ist hoch, dass Sie eher vom Meeresrauschen als von einer Autohupe geweckt werden. Das gilt ganz besonders für die Nordküste, etwa am Mae Nam Beach, wo sich locker verteilte ***Resorts unter Palmen*** ducken. Etwas dichter beieinander stehen die Unterkünfte an den Stränden von Bo Phut und Big Buddha.

Wer es lebhafter mag, zieht weiter an die Ostküste. Die meisten Resorts säumen den schneeweißen, 4 km langen Chaweng Beach. Er ist das touristische Zentrum Ko Samuis, und abends wird er zum zauberhaften Freiluftrestaurant. Nur entlang der Beach Road verdrängt der touristische Alltag die Strandromantik. Restaurants, Shops, Schneiderläden, Bars und Internetcafés reihen sich aneinander. Ständig wird umgebaut, neu gebaut. Wo heute noch ein Tante-Emma-Laden steht, finden Sie morgen schon einen klimatisierten Supermarkt. Auch der Lamai Beach, weiter südlich an der Ostküste, ist vom Bauboom erfasst. Wenn Sie zur Südküste weiterfahren und wieder hoch zur Westseite in Richtung Nathon, können Sie einen ***Blick in die Vergangenheit*** werfen. Bis hierher ist der Tourismus noch kaum vorgedrungen.

Die Samui-Insulaner wissen, wie man sie lebt, die Leichtigkeit des Seins. Vielleicht lächeln sie deswegen noch mehr und haben noch mehr Zeit als ihre Landsleute auf dem Festland. Egal ob Besucher in ein Edelresort oder in eine der letzten Bretterhütten ziehen, auf Ko Samui kann man die Seele überall baumeln lassen. Und manche verfallen dem Zauber dieser Insel so sehr, dass sie nie wieder wegwollen.

2002
Der erste Megasupermarkt eröffnet auf Ko Samui. Tesco Lotus in Bo Phut bietet ein Sortiment auf 11 400 m² und 283 Menschen einen Job

2008/2009
Bangok Airways gibt sein Flugmonopol auf; Air Berlin bietet Flüge von Deutschland nach Ko Samui an

2014
Nach einem Putsch übernimmt das Militär die Macht

2015
Auf Ko Phangan werden alle Partys außer der Full Moon Party verboten – und finden (vorerst) weiterhin uneingeschränkt statt

Ko Samui und die 20 km entfernte Nachbarinsel Ko Phangan sind ***zwei ungleiche Schwestern***. Nicht nur aufgrund der Tatsache, dass Ko Phangan mit 191 km² fast ein Viertel kleiner ist. Die große Insel ist eher lieblich, die kleine wild. Die ebenfalls über 600 m aufragenden Berge auf Ko Phangan sind schroffer, flaches, nutzbares Land ist rar. Hinter fast allen Stränden wuchert der Dschungel, von einer Ringstraße wagen die rund 10 000 Ew. nicht mal zu träumen. Sie sind schon froh, dass die Verbindung vom Hauptort Thong Sala (2000 Ew.) hinauf in den Norden ins Fischerdorf Chalok Lam asphaltiert ist. Einige Buchten sind nur mit dem Boot zu erreichen. Auf Ko Phangan werden immer noch für ein paar Euro einfache Hütten vermietet, die denen gleichen, die einst den ersten Ko-Samui-Rucksacktouristen als Unterkunft dienten. Auf der ganzen

Ko Phangan: die wildere und urwüchsigere Schwester Ko Samuis

Für einen Augenblick dem Duft frischen Lorbeers erliegen: Straßenszene auf Ko Samui

Insel gibt es nur eine Handvoll Resorts der luxuriösen Kategorie. Berühmt-berüchtigt ist die Full Moon Party am Rin Beach. Angeheizt vom Technosound, der aus riesigen Boxentürmen wummert, raven hier Partyfreaks aus der ganzen Welt. Der Rin Beach ist das ***Goa einer neuen Generation***. Einer, die nichts entdecken oder gar die Welt verändern möchte, sondern einfach nur Spaß haben will.

Sieht man mal ab von den megalauten Mondpartys am Rin Beach, ist Ko Phangan aber immer noch eine urwüchsige Insel der Ruhe. Rucksacktraveller haben die Insel entdeckt, aber inzwischen kommen auch immer mehr Kurzzeiturlauber auf dieses einstige Aussteigerrefugium.

IM TREND

1 Feierfreudig

Nach dem Mondkalender Phangans Full Moon Partys sind mittlerweile weltbekannt und die Insel zum Vollmond entsprechend gut besucht. Kenner feiern deswegen lieber vor oder nach diesem Termin. Die *Moon Set Party (Pirate's Bar / Chao Pao Beach)* startet drei Tage vor Vollmond, die *Ban Sabai After Party (Ban Tai Beach)* schließt sich direkt an die große Mondfeier an. Beinahe ununterbrochen wird in den *Coral Bungalows (Hat Rin / www.coralhaadrin.com)* gefeiert.

2 Beachbreak

Frühstück Der Start in den Tag gelingt in Chaweng ganz stilecht. Auf weißen Polstern im hellen Sand und Blick aufs Meer beginnen die Gäste des *The Library (14/1 Moo 2) (Foto)* den Tag. Pfannkuchen, Obstsalat und Kaffee werden direkt am Strand serviert. Das Rascheln der Palmwedel begleitet Frühstücker im *Muang Kulay Pan (100 Moo 2).* In einem Bambuspavillon am Meer wird auch ein typisches Thai-Frühstück serviert. Bei Reissuppe und frischem Saft lassen Sie sich tiefer in die weichen Kissen sinken.

3 Dschungelkönig

Ziplining Fast lautlos gleiten Sie von Baumwipfel zu Baumwipfel. Nicht etwa an Lianen hängend, sondern sicher eingehängt in einen Gurt. Beim Ziplining sausen Sie mit bis zu 60 km/h an Stahlseilen durch das Blättermeer – und sehen dabei die Natur aus einer anderen Perspektive. Rauschende Wasserfälle, alte Baumriesen und ihre tierischen Bewohner warten darauf, entdeckt zu werden. Mit *Canopy Tours (www.canopyadventuresthailand.com)* geht es ins Grün nahe Mae Nam, *Treetop Tours (www.treetoptour.biz) (Foto)* hat seine Seile nahe dem Lamai Beach gespannt.

Auf Ko Samui und Ko Phangan gibt es viel Neues zu entdecken. Das Spannendste auf diesen Seiten

Streicheleinheiten

4

Massage-Workshop Legen Sie selber Hand an! Bei einem Massage-Workshop lernen Sie das Handwerkszeug, um die typische Thai-Entspannung mit nach Hause zu nehmen. Im *Samahita Retreat* im Süden der Insel können erfahrene Masseure ihre Kenntnisse in ganzjährig stattfindenden Kursen vertiefen und Anfänger etwas ganz Neues lernen *(55/20–24 Moo | Na Muang | www.wellness-thailand.com)*. Das *Tamarind Springs* bietet nicht nur Spa-Behandlungen an, sondern unterrichtet in seiner *Massage Academy* auch die Kunst der Massage *(205/7 Moo 4 | Thong Takhian | www.tamarindsprings.com) (Foto)*. Auch auf Ko Phangan gibt es zertifizierte Kurse für Lernwillige *(bei Phangan Spirit | Hat Salad Bay | www.phanganspirit.com)*.

Die letzten Ruhepole

5

Stille Samui ist ein populäres Reiseziel, doch auch auf und rund um die Insel gibt es noch ganz ruhige, unberührte Ecken. So wie die Ko-Som-Inseln. Auf den zwei kleinen Eilanden gibt es weder Straßen noch Strom. Von Bo Phut können Sie mit einem Kajak übersetzen oder schwimmen – oder Sie lassen sich in einem Boot von *Dolphin Expeditions (Buchung unter www.kohsamui-info.com)* hinüberbringen. Sie haben Gefallen an einsamen Inseln gefunden? Dann schlagen Sie doch Ihr Zelt dort auf: Im *Ang Thong Marine National Park* können Sie campen. Die Parkverwaltung *(Ko Wua Ta Lab | Reservierungen über reserve@dnp.go.th)* verleiht Zelte. Wahre Ruhe kommt jedoch von innen. Finden Sie Ihre Mitte beim Open-Air-Yoga. Im Zengarten von *Vikasa (www.evolutionofyoga.com) (Foto)* zwischen Chaweng und Bo Phut ist das besonders malerisch.

FAKTEN, MENSCHEN & NEWS

AFFEN

Mehr als 1000 Kokosnüsse kann ein Affe am Tag von Palmen pflücken. Allerdings nur, wenn er gelernt hat, die grüne Kokosnuss so geschickt zu drehen, bis der Stil bricht. Und deshalb muss er erst die Affenschule besuchen, z. B. in die *First Monkey School (www.firstmonkeyschool.com)* auf dem Festland in der Provinz Surat Thani, zu der auch Ko Samui und Ko Phangan gehören. Drei bis sechs Monate dauert es, bis der Affe die Technik beherrscht.

Für die Ausbildung muss der Besitzer rund 150 Euro pro Tier bezahlen. Trainiert werden meistens Makaken, die mit ihren kräftigen Gliedmaßen für den Job in schwindelnder Höhe besonders geeignet sind. Die Affentrainer machen den Tieren vor, wie die Nüsse gedreht werden müssen, und setzen dabei auf die natürliche Neugier der Tiere, die sie dazu bringt, das Kunststück selbst auszuprobieren. Wichtigstes Element der Ausbildung ist freilich, dass alles spielerisch vonstattengeht und die Affen sich dabei wohlfühlen. Deshalb gilt als oberster Grundsatz: Die Tiere dürfen nie geschlagen oder sonstwie bestraft werden. Auf Ko Samui können Touristen die gelehrigen Affen in speziellen Shows sehen. Aber auch so mancher Kokosnussfarmer lädt Besucher ein, den Tieren bei der Arbeit zuzusehen. Wenn Sie bei einer Inselrundfahrt ein Schild mit der Aufschrift „monkey works coconut" sehen, können Sie zugucken und auch gleich den Saft einer frisch vom Affen gepflückten Kokosnuss schlürfen.

Bild: Liegender Buddha in der Pagode Laem Sor Chedi

Warum die Thais den Geistern ein Häuschen bauen, sich mit Spitznamen anreden und ihren König in höchsten Ehren halten

AMULETTE

Die meisten buddhistischen Thais tragen ein Amulett um den Hals. Nicht selten werden Sie Männer sehen, die gleich mehrere dieser Glücksbringer bzw. Unheilabwehrer an ihren Ketten baumeln lassen. Die kleinen Figuren aus Ton, Bronze, Gold oder Holz sind sicher hinter durchsichtigem Plastik verwahrt, in Miniaturschreinen, die oft in Silber oder Gold gefasst sind. Sie stellen Buddha oder berühmte Mönche dar und sind häufig Familienerbstücke. Amulette sollen vor Unfällen schützen und vor Krankheiten, Überfällen und sonstigen Widrigkeiten des Lebens. Sie werden in vielen Shops und auf Märkten zum Kauf angeboten. Auch fliegende Händler präsentieren ihr Amulettsortiment auf dem Gehsteig. Und natürlich gibt es die Glücksbringer auch in Klöstern, wo sie gleich von einem Mönch gesegnet werden können.

BÜFFELKÄMPFE

Wasserbüffel sind massige Tiere mit ausladenden Hörnern, die so schnell nichts aus der Ruhe zu bringen scheint. Aber wenn sie einen Rivalen sehen, können sie ganz schön in Rage geraten. Dieser natürliche Reflex hat dazu geführt, dass die grauschwarzen Bullen in Südthailand in der Arena gegeneinander kämpfen müssen. Sie rammen ihre Schädel gegeneinander und versuchen, den Gegner wegzudrücken. Meist geht es dabei unblutig zu. Es ist einfach ein Kräftemessen zwischen den Tieren und keinesfalls mit spanischen Stierkämpfen zu vergleichen. Sobald ein Büffel merkt, dass sein Widersacher eindeutig stärker ist, läuft er normalerweise weg, und so ist der Kampf oft nach wenigen Minuten vorbei.

Auf Ko Samui gibt es ein halbes Dutzend *buffalo fighting stadiums*. Die Arenen sind freilich nicht mehr als ein Stück Wiese oder ein staubiger Platz. Büffelkämpfe finden in unregelmäßigen Abständen statt, aber wenn es so weit ist, verkünden Lautsprecherwagen Termin und Ort, überall liegen Flugblätter mit den genauen Daten aus.

FALANG

Ein *falang* sind Sie, der Ausländer mit der weißen Haut. Die Herkunft des Begriffs ist unklar, möglicherweise ist er eine Verballhornung des englischen Worts *foreigner* (Fremder). Der Begriff könnte sich aber auch vom französischen *français* ableiten. Franzosen wiederum werden auf Thai als *farangset* bezeichnet.

GEISTERHÄUSCHEN

Der Glaube an Geister *(phii)* ist in allen Bevölkerungsschichten verbreitet. Er hat zwar mit dem Buddhismus nichts zu tun, aber das hält thailändische Buddhisten nicht davon ab, auch den Geistern ihre Reverenz zu erweisen. Sie bauen ihnen bunte Häuschen und bringen ihnen jeden Morgen Opfer dar. Ein Glas Wasser etwa, Reis, Blumen, Obst und an Feiertagen auch mal ein gebratenes Hähnchen.

Je prächtiger die Häuser, desto wohler fühlen sich die darin wohnenden Geister

KÖNIG BHUMIBOL

König Bhumibol Adulyadej ist auch auf Ko Samui und Ko Phangan allgegenwärtig. Sie werden sein Porträt in Hotelrezeptionen sehen und in Banken, in Läden, sogar in Kneipen und in Amtsstuben sowieso. Thailand ist zwar seit 1932 keine absolute Monarchie mehr, doch genießen das Königshaus und insbesondere der vom Volk verehrte Monarch höchstes Ansehen. König Bhumibol und Königin Sirikit haben vier Kinder: Prinzessin Ubol Ratana (geb. 1951), Prinz Maha Vajiralongkorn (geb. 1952), Prinzessin Maha Chakri Sirindhorn (geb. 1955) und Prinzessin Chulabhorn (geb. 1957).

KUNSTBOOTE

Die *go lae* sind mehr als einfach nur Boote. Es sind Kunstwerke, mit denen die muslimischen Fischer aufs Meer hinausfahren. Früher wurden sie gerudert oder gesegelt, heute werden sie von knatternden Motoren angetrieben. Ihren Ursprung haben die bunt bemalten, offenen Holzboote in den südlichen Festlandsprovinzen Pattani und Naratiwat. Auch an der malaysischen Ostküste sind sie noch weit verbreitet. Ko Samui ist der nördlichste Platz in Thailand, wo Sie diese Kunstwerke sehen können.

NAMEN

Wundern Sie sich nicht, wenn Sie im Hotel vom Personal mit Vornamen angeredet werden. Das ist keine plumpe Vertraulichkeit, sondern Landessitte. Selbst hochgestellte Persönlichkeiten bis hin zum Premierminister werden öffentlich beim Vornamen genannt. Davor steht sowohl bei Männern wie bei Frauen noch der Titel *Khun*. Aber untereinander verwenden viele Thais nicht einmal den Vornamen, sondern begnügen sich mit ihrem Spitznamen (*tschu len*, wörtlich Spielname). Den erhalten Thais schon im Säuglingsalter von ihren Eltern. Und diese wählen einen Begriff, den sie mit dem Nachwuchs assoziieren. Zum Beispiel *Noi* (klein), *Meo* (Katze) oder *Gung* (Krabbe). Keinesfalls ist der Spitzname als Veräppelung gedacht, sondern als ein liebevoll gemeinter Kosename.

PARTYS

Die Vollmondparty von Ko Phangan ist noch ziemlich jung, aber schon legendär. In der Hochsaison machen bis zu 30 000 Raver die Fete am Hat Rin zur größten Beachparty der Welt. Die ersten Full Moon Partys wurden in den 1980er-Jahren bei den Moon Paradise Bungalows an diesem Strand gefeiert – mit ein paar Dutzend Rucksacktravellern, die ums Lagerfeuer herumtanzten
Die Bungalowanlage gibt es immer noch, aber die Lagerfeuerromantik ist Geschichte. Durch Mundpropaganda sprach sich die Party in der globalen Backpackerszene herum. Aber noch bis Mitte der 1990er-Jahre tanzten selten mehr als 1000 Raver am Strand. Erst als die Medien weltweit berichteten, explodierten die Besucherzahlen. Heute ist die Vollmondparty ein großes Geschäft geworden, nicht nur für Ko Phangan. Zwischen Ko Samui und dem Partybeach pendeln die ganze Nacht über Boote. Und inzwischen wird auf Ko Phangan in so ziemlich jeder Mondphase gefeiert: Black Moon, Half Moon, Shiva Moon ... 2015 versuchte die Regierung, das Partytreiben einzuschränken, doch bisher vergebens. Ungeachtet aller Verbote wird munter weitergetanzt: Zu viele Einkommen hängen am lukrativen Geschäft mit den feierwütigen Gästen.

RELIGION

Etwa 95 Prozent aller Thais bekennen sich zum Buddhismus. Der Buddhismus spielt im Alltagsleben eine weit größere Rolle als etwa das Christentum bei uns. Zwar gibt es keine festgelegten Gottesdienstzeiten, aber die Tempel werden regelmäßig für Fürbitten aufgesucht. Die Gläubigen erflehen Buddhas Beistand vor einer großen Reise, vor einer Prüfung oder einer Operation. Wann immer ein Thai einen Tempel besucht, wird er auch eine Opfergabe darbringen, etwa Räucherstäbchen oder Blütengirlanden. Dem Buddhismus, seinen Vertretern und Institutionen bringen die Thais großen Respekt entgegen. Das gilt auch für den Islam, zu dem sich auf Ko Samui etwa 20 Prozent der Insulaner bekennen, deren Vorfahren einst aus den nahen muslimischen Provinzen Südthailands und aus Malaysia einwanderten.

SCHREIBWEISEN

Sind Sie, der weiße Fremde, nun ein *falang* oder ein *farang*? Urlauben Sie auf *Ko Samui* oder auf *Koh Samui? Ko* bedeutet Insel, aber warum gibt es zwei verschiedene Schreibweisen? Warum wird Strand mal *hat* und mal *haad* geschrieben? Solche Fragen werden von Neuankömmlingen oft gestellt, aber eine klare Antwort darauf gibt es nicht. Die Thai-Schrift ist für den Fremden ein Buch mit sieben Siegeln, eine Aneinanderreihung von zwar anmutigen, aber nicht entzifferbaren Schnörkeln. Eine verbindliche Regel, wie man diese in lateinische Buchstaben überträgt, gibt es nicht.

SITTEN UND GEBRÄUCHE

In Thailand können Sie leicht von einem Fettnäpfchen ins andere treten, ohne es zu merken. Denn die Thais sind keine Besserwisser, die Sie sofort auf Fehler aufmerksam machen. Grobes Fehlverhalten quittieren sie mit einem *falang bah*, die weißen Ausländer sind halt verrückt. Aber manchmal reißt auch Thais der Geduldsfaden. Zum Beispiel dann, wenn Fremde das Königshaus beleidigen (Majestätsbeleidigung ist ein strafbares Delikt) oder den Vertretern und Symbolen des Buddhismus keinen Respekt entgegenbringen. Achten Sie darauf, dass Sie Tempel (dies gilt nicht für chinesische Tempel) und Moscheen nicht mit Schuhen betreten. Thais kleiden sich ordentlich und züchtig, wenn sie das Haus verlassen. Wer nicht auf sein Äußeres achtet, verliert sein Gesicht – in Thailand ein schlimmer Fauxpas.

Auch im Land des Lächelns gibt es Situationen, in denen Sie sich ärgern können. Zum Beispiel über schleppende Bedienung oder über einen Taxifahrer, der einen unverschämten Preis fordert. Vertreten Sie Ihren Standpunkt mit Nachdruck – aber freundlich. Und werden Sie niemals laut. Denn damit fügen Sie Ihrem Gegenüber einen Gesichtsverlust zu – so ziemlich das Schlimmste, was Sie machen können. Das gilt besonders im Umgang mit Behörden. Und noch ein wichtiger Tipp: Berühren Sie Thais niemals am Kopf, und setzen Sie sich nicht so hin, dass Ihre Füße auf eine andere Person zeigen. Denn der Kopf gilt in Thailand auch im übertragenen Sinn als höchster Körperteil, der Fuß als niedrigster.

TAKRAW

Wenn die Hitze nachlässt und Sie am späten Nachmittag auf Ko Samui oder Ko Phangan ein Geräusch hören, als ob sich jemand in einen Korbsessel fallen lässt, sind Sie höchstwahrscheinlich in der Nähe eines Dorfplatzes, auf dem *takraw* gespielt wird. Das scharfe „Kusch" entsteht, wenn die Spieler gegen einen Ball aus Rattan treten, der einem rundum geschlossenen Körbchen ähnelt. Wie beim Fußball darf beim *takraw* jedes

Körperteil außer den Händen eingesetzt werden. Als Spielfeld genügt eine Wiese unter Palmen.

THAIBOXEN

Beim Nationalsport kämpfen die Gegner mit Fäusten und bloßen Füßen. Auf Ko Samui und Ko Phangan steigen oft Ausländer in den Ring, die hier *muay thai* trainieren. Regelmäßige Kämpfe gibt es in den Stadien von Chaweng. Kleinere Arenen finden Sie am Lamai Beach, auf Ko Phangan in Thong Sala und am Hat Rin. Lautsprecherwagen, Flugblätter und Plakate verkünden aktuelle Termine.

WAI

Statt per Handschlag begrüßen sich Thais mit einem *wai*. Er kann auch Entschuldigung, Dank oder eine Bitte ausdrücken. Wie zum Gebet werden die Hände vor der Brust gefaltet. Aber *wai* ist nicht gleich *wai*. Je höher der soziale Status des zu Grüßenden, desto höher müssen die Hände gehalten werden. Die höchsten *wai* mit den Fingerspitzen über dem tief geneigten Kopf sind der Königsfamilie und Mönchen vorbehalten. Auch die Reihenfolge ist wichtig: Der Jüngere grüßt zuerst den Älteren, der Rangniedrigere den Ranghöheren. Touristen, die mit diesen Regeln nicht klarkommen, sollten sich auf ein Kopfnicken beschränken. Denn allzu leicht machen sie sich aus Unwissenheit lächerlich. Zum Beispiel wenn sie den *wai* eines Kinds oder eines Bettlers erwidern. Den *wai* des Hotelpersonals zur Begrüßung oder als Dank für ein Trinkgeld sollten Sie ebenfalls nicht erwidern. Auch hier genügt ein Kopfnicken völlig.

Takraw ist in ganz Thailand beliebt. Der Ball wird traditionell aus Rattan geflochten

WAT

Wat ist die Bezeichnung für ein buddhistisches Kloster, das in Thailand keine hermetisch abgeschottete Mönchsgemeinschaft ist. Auch als Tourist und Nicht-Buddhist können Sie ein *wat* jederzeit besuchen. Achten Sie aber auf respektvolle Kleidung.

ESSEN & TRINKEN

Ko Samui können Sie zwar an einem Tag bequem erkunden, aber wenn Sie auch kulinarisch auf Entdeckungstour gehen wollen, steht Ihnen eine Weltreise bevor.

Ob indisch oder italienisch, ob deutsch, chinesisch oder mexikanisch – die Küche auf der kleinen Insel ist so international wie ihre Besucher. Und immer mehr internationale Spitzenköche verwöhnen in edlen Restaurants Urlauber mit raffinierten Kreationen. Vor Ort sollten Sie freilich mit dem Gaumen nicht nur in die Ferne schweifen. Schließlich sind Sie in Thailand, und die Küche dieses Lands nimmt es mit der ganzen Welt auf. Und ist zudem dem Tropenklima ideal angepasst: leicht, dank vieler frischer Zutaten ***äußerst vitaminreich und sehr bekömmlich***. Ein echter Fitmacher, zwar nicht selten höllisch scharf, aber immer himmlisch gut. Fleisch wird sparsam verwendet, eher schon kommen Geflügel und Meeresfrüchte auf den Teller. Thais lieben Gemüse, das meist nur kurz gegart wird und deshalb knackig und vitaminreich bleibt. Auch bei Gewürzen und Kräutern schöpfen sie aus dem Vollen. Koriander, Zitronengras und -blätter, Ingwer und Basilikum, Tamarinde, Minze und Garnelenpaste ***stimulieren die Geschmacksnerven***. Und natürlich kommt ein thailändischer Koch eher ohne Herd aus als ohne Knoblauch und Chili. Touristen, deren Gaumen nicht feuerresistent ist, sollten vorsichtshalber der Küche ausrichten lassen, dass man die Speise nicht scharf *(mai peht)* zubereitet haben möchte.

 Bild: Geschnitzte Früchte

Himmlisch scharf und höllisch gut: Die thailändische Küche ist dem Tropenklima ideal angepasst und hält Sie fit und gesund

ESSGEWOHNHEITEN

Für Thaigerichte brauchen Sie kein Messer. Alle Speisen werden entweder in mundgerechten Stücken serviert oder können, wie beispielsweise Fisch, mit Löffel und Gabel leicht zerteilt werden. Den Löffel hält man dabei üblicherweise in der rechten Hand, die Gabel dient lediglich dazu, den gewünschten Bissen auf den Löffel zu schieben. Nur zu Nudelsuppen und Nudelgerichten werden Essstäbchen gereicht, die chinesische Einwanderer einst mit nach Thailand brachten.

Nur die besseren Restaurants haben feste Essenszeiten für Lunch *(ca. 11.30–14 Uhr)* und Dinner *(ca. 18–22 Uhr)*. In den einfacheren Lokalen ***wird gekocht, wann immer der Gast Hunger hat*** – also von frühmorgens bis spät in die Nacht. Und die Garküchen an den Straßenrändern, in denen Freiluftgastronomen im Handumdrehen leckere Gerichte zaubern, haben sowieso fast durchgehend geöffnet.

SPEZIALITÄTEN

gaeng kiau wan gai – Das grüne Curry mit Hühnchenfleisch und Auberginen ist eine schweißtreibende Gaumenfreude. Es schmeckt leicht süßlich *(wan)*.
gaeng massaman – rotes Curry mit Rindfleischstückchen, Erdnüssen und Kartoffeln (etwas scharf)
gung hom pa – Garnelen im Teigmantel. Man stippt sie in Tatarsauce oder in eine süßsaure Essigbrühe mit Chiliringen (Foto li.).
kanom chin – Kalte Reisnudeln mit sehr scharfer Currysauce, dazu isst man viel frisches und eingelegtes Gemüse, getrocknete Babyfische und ein hart gekochtes Ei.
kao pat – Gebratener Reis mit Ei *(kai)* und Gemüse *(pak)*. Dazu kommen je nach Belieben Krabben *(gung)* oder klein geschnittenes Schweinefleisch *(mu)* bzw. Huhn *(gai)*.
kui tiao nam – Die Nudelsuppe ist für Thais eine beliebte Zwischenmahlzeit, die an vielen Garküchen von morgens bis spät in die Nacht serviert wird. Mit Huhn *(gai)*, Krabben *(gung)*, Rindfleisch *(nüa)* oder kleinen Stückchen Schweinefleisch *(mu)*
mataba – mit Rinderhack oder Gemüse gefüllte Teigfladen, in Touristengebieten auch mit Bananenfüllung
plamuk tohd katiam pik thai – Tintenfischstückchen gebraten mit Knoblauch und Pfeffer (nicht scharf)
pla piau wan – Fisch süßsauer ist auch ein Fest fürs Auge. Die Sauce zum gebratenen Fisch wird mit viel Gemüse und Ananasstückchen angerichtet.
som tam – Der Salat aus dünnen Streifen von noch grüner Papaya ist die Leib- und Magenspeise der Bewohner Nordostthailands, hat aber längst ihren Siegeszug bis hinunter nach Südthailand angetreten. Zubereitet wird *som tam* auch mit Cocktailtomaten, getrockneten Krabben, kleinen Krebsen und viel Chili (Foto re.). Dazu passt rohes Gemüse, Klebereis und gegrilltes Huhn *(gai pat)*.
tom kha gai – Die Suppe mit Hühnchenfleisch in Kokosmilch ist ein besonderer exotischer Genuss. Aber Vorsicht: In der würzigen Brühe schwimmen auch Chilischoten!
tom yam gung – Die säuerliche Garnelensuppe ist Thailands inoffizielles Nationalgericht. Zitronengras verleiht ihr den unverwechselbaren Geschmack, reichlich Chili die Schärfe.
yam wunsen – Glasnudelsalat mit Kräutern, Garnelen und Schweinehack. Chilischarf!

FRÜCHTE

In den Tropen reifen viele feine Früchte. Wer sich mit den billigsten Obstsorten (Bananen, Ananas, Papaya, Wassermelonen) abspeisen lässt, verzichtet auf manche Köstlichkeit, die hierzulande allenfalls in Delikatessgeschäften zu haben ist. Auch wenn die deutsche Sprache die *durian* als „Stinkfrucht" bezeichnet – für viele Thais ist sie die ***Königin der Früchte***. Schon eher nach jedermanns Geschmack ist die Mango *(mamuang)*. Die reife Frucht ist zusammen mit Klebereis und konzentrierter Kokosmilch ein absoluter Leckerbissen. Thais schätzen aber auch grüne und leicht säuerliche Mangos. In Streifen geschnitten, stippen sie die unreife Frucht in ein Zucker-Chili-Gemisch. Hinter der dicken, weinroten Schale der Mangostan *(mangkut)* verbirgt sich eine weitere Köstlichkeit. Das weiße, saftige Fruchtfleisch schmeckt süß und leicht säuerlich zugleich. Die Guave *(falang)* ist eine der vitaminreichsten Früchte der Welt, die man vom Baum pflücken kann. Das feste Fruchtfleisch schmeckt ähnlich wie das der Quitte, ist aber weniger sauer und soll sehr gut gegen Bauchgrimmen sein.

GETRÄNKE

Softdrinks aller bekannten Marken gibt es an jeder Ecke. Das Angebot an frischen Obstsäften reicht leider nicht an die Früchtevielfalt heran. Meist beschränkt es sich auf Orangensaft, der häufig auch noch mit Limonade gestreckt ist. In Lokalen, die von Touristen frequentiert werden, können Sie aber auch Milchshakes mit Banane oder Ananas schlürfen. Trinkwasser *(nam bau)* aus Flaschen und Mineralwasser sind als Durstlöscher überall zu haben. Bier gibt es in vielen Sorten. Bei den Einheimischen beliebt sind *Chang* und *Singha*. Etwas teurer sind ebenfalls im Land unter Lizenz gebraute Marken wie *Tiger* und *Heineken*. Laut Gesetz darf Alkohol in Geschäften nur zwischen 11 und 14 Uhr und von 17 Uhr bis Mitternacht verkauft werden.

Gewöhnungsbedürftig für europäische Geschmacksnerven ist die *durian*

Supermarktketten wie 7-Eleven halten sich daran, Tante-Emma-Läden nehmen es aber nicht so genau. Thailands ***inoffizielles Nationalgetränk*** ist der preiswerte *Sang Som*. Er wird aus Zuckerrohr destilliert und als „Whiskey" bezeichnet, obwohl er eher ein Rum ist. Die Einheimischen trinken ihn nicht pur, sondern als Longdrink: mit Mineralwasser und einem kräftigen Spritzer Limonensaft auf Eis. Wein bekommen Sie inzwischen in vielen Restaurants, die von Touristen frequentiert werden. Ein Glas (0,2 l) kostet ab etwa 5 Euro aufwärts.

EINKAUFEN

Klein, aber fein lautet die Shoppingdevise auf Ko Samui. Das mit Abstand größte Angebot finden Sie entlang der Strandstraße am Chaweng Beach, wo sich ein Shop an den anderen reiht. Die wichtigsten Einkaufszentren mit großen Supermärkten sind Tesco Lotus und Big C an der Ringstraße von Bo Phut nach Chaweng.

ANTIQUITÄTEN

In Thailand ist eine ganze Industrie auf das Fälschen von Antiquitäten spezialisiert. Ein seriöses Geschäft können Sie daran erkennen, dass es Sie auf die gesetzlich vorgeschriebene Ausfuhrgenehmigung für kostbare Antiquitäten hinweist – und diese auch besorgt.

BUDDHASTATUEN

Offiziell dürfen nicht einmal Plastikbuddhas ohne Genehmigung ausgeführt werden (zuständig dafür ist, wie auch im Falle von Antiquitäten, das *Department of Fine Arts, Tel. 0 22 21 78 11,* des Nationalmuseums in Bangkok). Ein seriöser Händler wird das Zertifikat für Sie besorgen. Die Ausfuhr von historisch wertvollen Buddhafiguren ist generell verboten.

GEWÜRZE

Ob Chili, Kurkuma, Pfeffer oder diverse Currypasten – exotische Gewürze können Sie vor Ort äußerst preiswert und in guter Qualität kaufen. Große Auswahl haben Sie in den Supermärkten von *Tesco Lotus* und *Big C* (Ringstraße von Bo Phut nach Chaweng).

GOLD

Goldschmuck zu 23 Karat bieten spezielle Goldgeschäfte an, die Sie landesweit an der roten Innenausstattung erkennen. Der Preis richtet sich nach dem aktuellen Goldkurs, ca. 10 Prozent werden für die Verarbeitung draufgeschlagen. Dieser Schmuck kann jederzeit in jedem Goldgeschäft wiederverkauft werden. Ist der Goldpreis in der Zwischenzeit gestiegen, sogar mit Gewinn.

JUWELEN & PERLEN

Diese Preziosen sollten Sie keinesfalls bei fliegenden Händlern kaufen. Und lassen Sie sich auch nicht von einem Taxifahrer in irgendein Geschäft locken. Im *Naga Pearl Shop* im Dorf Ban Thong Krut im Süden Ko Samuis können Sie dagegen

Chili, Gold und Zuchtperlen: Auf Ko Samui gibt es keine großen Kaufhäuser, aber viele hippe Boutiquen machen Lust auf Shopping

bedenkenlos Zuchtperlen kaufen, die von den Naga-Perlenfarmen vor Phuket und Ko Samui stammen.

KERAMIK & LACKARBEITEN

Die Stücke werden zwar nicht auf Ko Samui hergestellt, Sie können sie aber in vielen Geschäften kaufen. Meist stammen sie aus Nordthailand. Zum Beispiel Seladon-Keramik in Jadegrün. Grün, Blau, Gelb, Rosa und Schwarz leuchtet die Bencharong-Keramik mit ihren Blütenornamenten. Zier- und Gebrauchsgegenstände im chinesischen Stil sind meist blau und weiß. Auch Lackarbeiten sind traditionelles Kunsthandwerk. Das Holz wird mehrfach lackiert und dann von Hand bemalt.

SCHNITZEREIEN

Schnitzereien finden Sie in enormer Fülle. Die meisten stammen aus dem Norden Thailands, von wo aus die Souvenirshops im ganzen Land beliefert werden. Typisch für die Palmeninsel Ko Samui sind Zier- und Gebrauchsgegenstände aus der harten inneren Schale der Kokosnuss.

SEIDE & KLEIDUNG NACH MASS

Thailändische Seide wird von Hand gewebt und ist deshalb nicht vollkommen glatt, sondern mit kleinen Knötchen durchsetzt. Sie können fertige Kleidungsstücke kaufen oder sich bei einem der unzähligen Schneider etwas nähen lassen. Aber bedenken Sie, dass Seide auch in Thailand ihren Preis hat. Straßenhändler die „100 % pure silk" für ein paar Baht anbieten, drehen Ihnen garantiert synthetische Ware an. Und auch bei Kleidung nach Maß gilt: Vorsicht bei allzu günstigen Angeboten! Die sind oft mit heißer Nadel genäht. Bestehen Sie auf mindestens einer Anprobe. Und zahlen Sie nur einen Teilbetrag an, den Rest bei Abholung.

KO SAMUI NORDKÜSTE

Palmenhaine säumen kilometerlange Sandstrände an sanft geschwungenen Buchten. In den Dörfern flicken Fischer ihre Netze, brechen Koprabauern Berge von Kokosnüssen auf. Überall kann man Ruhe atmen und die Stille hören.

Selbst in der Hochsaison ist ein Urlaub an der Nordküste von Ko Samui Balsam für gestresste Seelen. In lockerer Folge reihen sich die Resorts aneinander. Dazwischen bleibt noch genügend Platz für grasende Wasserbüffel. Die Küste ist weitgehend so geblieben, wie sie die Natur erschaffen hat, aber wild ist sie nicht. Selbst in der Monsunzeit können Sie hier fast überall baden. Das Kap im äußersten Nordosten ist ein natürlicher Schutzwall gegen den Nordostmonsun, der hohe Wellen an die Ostküste treibt. Strandwanderer können über weite Strecken Einsamkeit genießen. Die Strände sind hier im Uhrzeigersinn beschrieben.

BANG PO BEACH/BAN TAI BEACH

(122–123 C–D1) (*B–C7*) **Diese beiden Strände 4 km nördlich vom Inselhauptort Nathon gehen nahtlos ineinander über und sind an der ohnehin ruhigen Küste die ursprünglichsten Abschnitte.**

Die Strände sind schmal, das Wasser ist stellenweise sehr flach.

 Bild: Mae Nam Beach

Ruhe unter Palmen: Wo im Hinterland noch Wasserbüffel grasen, finden Sie Strände, die ideal sind, um mal richtig abzuschalten

ESSEN & TRINKEN

Einfache Lokale und Essensstände für den schnellen Hunger finden Sie in den Dörfern Bang Po und Ban Tai entlang der Ringstraße. Gute vegetarische Küche bietet das *Health Oasis Resort (€)*.

ÜBERNACHTEN

HEALTH OASIS RESORT

Bungalows mit Ventilator oder Aircondition in einer gepflegten Anlage mit Pool. Die Gäste hier wollen nicht nur Urlaub machen, sondern Geist und Körper erneuern. Etwa in der Sauna, bei vegetarischer Küche, Yoga und Meditation. *40 Zi. | Bang Po Beach | Mae Nam | Tel. 077602096 | www.healthoasisresort.com* | €–€€

MIMOSA RESORT & SPA

Einladendes kleines Boutique-Resort mit sehr komfortablen Suiten und Villen, die alle mit Jacuzzi oder Pool ausgestattet sind. Schöner Restaurant-Bar-Bereich am

Strand. *32 Zi. | Ban Tai | Tel. 0 77 24 77 40 | www.mimosasamui.com | €€€*

MAE NAM BEACH

(124 A–B2) *(🕮 D–E 7–8)* ★ **Die 6 km lange Bucht mit ihrem gelben Sandstreifen ist der beste Badestrand an der gesamten Nordküste und eine Traumstrecke für Strandwanderer.**

Das Meer ist flach, aber auch bei Ebbe können Sie hier schwimmen. Der östliche Strand, rechts vom Dorf Mae Nam, ist bei Flut aber stellenweise kaum handtuchbreit. Rund drei Dutzend Resorts, von einfach bis luxuriös, haben sich hier – gut verborgen im Palmenwald – angesiedelt. Im Dorf Mae Nam (12 km von Nathon entfernt) in der Mitte der Bucht werden Sie mehr Einheimische als Touristen treffen.

SEHENSWERTES

Das Kloster INSIDER TIPP *Wat Pukhao Tong* ist zwar kein besonders bemerkenswertes Beispiel für die thailändische Tempelarchitektur, aber eine sehr angenehme Oase der Ruhe, die auf einer kleinen Anhöhe liegt. Sie erreichen sie, wenn Sie die Kreuzung der Dorfhauptstraße mit der Inselrundstraße überqueren und ca. 200 m weiter landeinwärts gehen.

Zum Mae Nam Resort gehört dieser palmengesäumte Strandabschnitt

ESSEN & TRINKEN

In Mae Nam gibt es eine ganze Reihe einfacher Lokale. Das *Sunshine Restaurant (tgl. Lunch/Dinner | zwischen Hauptstraße und Strand | €)* serviert neben solider Thaiküche auch australische Steaks, Wiener Schnitzel und hausgemachte „Fleischlaibchen" (Hackfleischbällchen) mit Kartoffelpüree. Im *Maenam BBQ Buffet (tgl. ab 16 Uhr | Ring Rd., Ortsende Richtung Nathon | €)* steht der Minigrill auf dem Tisch. Fleisch können Sie selbst brutzeln und auch gleich noch eine leckere Gemüsesuppe zaubern, in der das Seafood gegart wird. Thaiküche und Seafood mit Meerblick im *Sea View Restaurant (tgl. | Soi 7-Eleven, von der Ampelkreuzung runter zum Meer | €–€€).*

ARUN@SAMUI
Ein eher unscheinbares Restaurant, ein langer Tisch aus Naturholz, aber eine Thai-Köchin, die mit Lebensmitteln zaubern kann, z. B. Hühnchen in Pandanussblättern oder ein grünes Entencurry. Die resolute Chefin Sunantha (Sue) gibt auch Kochkurse für maximal sechs Personen. *Mi geschl. | 248/10 Ring Rd., nahe Geldautomat K.ATM | Tel. 08 94 21 43 78 | €–€€*

EINKAUFEN

Viele Geschäfte und Souvenirshops gibt es entlang der Hauptstraße *(Ring Rd.)*. Angenehm duftet es bei den Schwestern Lek und Oud, die in ihrem Laden *Tid Mai Tid Mue (nahe 7-Eleven)* viele Teesorten, Kräuter und Gewürze verkaufen.

FREIZEIT & SPORT

In den Resorts bzw. direkt am Strand können Sie z. B. Boards zum Windsurfen, Kajaks oder Motorboote für Wasserski mieten. Auch Massagen werden in vielen Resorts verabreicht, entweder auf Matten direkt am Strand oder in eigenen Spas. Die Deutsche Sonja Diwo, die seit Jahren in Mae Nam lebt und sich gut auskennt, bietet nicht nur Kochkurse an, sondern führt Urlauber auch über die lokalen Märkte und erklärt ihnen die exotischen Gewürze und Gemüse und deren Verwendung bzw. Zubereitung. Der Marktbummel kann auch unabhängig von einem Kochkurs gebucht werden *(ab 1900 Baht | www.thaicookingclass-samui.com).*

ÜBERNACHTEN

Auch am Mae Nam Beach lösen edle Resorts die alten Pfahlhütten langsam ab. Aber noch finden Sie hier mehr Billigunterkünfte als an allen anderen Ko-Samui-Stränden zusammen.

FAIR HOUSE VILLAS & SPA
Hier warten Edelvillen *(ab 120 Euro/Nacht)* auf Gäste. Einige sogar mit eigenem kleinen Pool und Jacuzzi. Das frühere Ban Laem Sai Beach Resort hat seinen Namen gewechselt. Geblieben ist eine wunderschöne Anlage, ausgezeichnet von der staatlichen Tourismusbehörde für ökobewusstes Management. Im Garten werden Gemüse und Kräuter gezogen, Gäste können Bäume pflanzen, und Lieferanten sind angewiesen, Güter möglichst nicht in Plastikbehältern anzuliefern. Herrlich gelegen auf der Landzunge zwischen Mae Nam und Bo Phut Beach. Bei Flut steigt das

MARCO POLO HIGHLIGHTS

★ **Mae Nam Beach**
Bei Ebbe schwimmen und lange Strandwanderungen unternehmen → S. 34

★ **Bo Phut**
Das „Fisherman's Village" ist mit seinen trendigen Lokalen einfach hip → S. 36

★ **Happy Elephant**
Speisen mit Meerblick: ein Glücksfall für Feinschmecker → S. 37

★ **Big Buddha**
Das Wahrzeichen der Insel bietet auch eine bestechende Weitsicht → S. 39

Wasser allerdings bis an die Schutzmauer. *172 Zi. | Tel. 077422255 | www.fairhousesamui.com* | €€€

INSIDER TIPP **HARRY'S BUNGALOWS**
Das familiäre Resort mit viel Grün und Pool liegt am ruhigen nördlichen Ende des Mae Nam Beach nahe Wat Na Phra Lan und dem Lomprayah-Pier, von dem Fähren nach Ko Phangan ablegen. Komfortable Aircondition-Bungalows mit TV, Kühlschrank. Westliche und einheimische Küche in einem Restaurant, das im Stil eines spitzgiebligen, traditionellen Thaihauses gebaut wurde. *20 Zi. | Tel. 077247431 | www.harrys-samui.com* | €–€€

HUTCHA RESORT
Einfache, aber gepflegte Bungalows mit palmlaubbedeckten Dächern, Klimaanlage oder Ventilator, teilweise mit TV und Kühlschrank. Viel Grün, Pool, durch die Anlage fließt ein Bach zum Meer. Ca. 50 m zum Strand, 5 Min. Fußweg ins Dorf. Gutes Preis-Leistungs-Verhältnis. *39 Zi. | Tel. 077425555 | www.hutcharesort.com* | €–€€

INSIDER TIPP **LOLITA BUNGALOWS**
Die freundlichen Besitzer verbreiten Wohlfühlatmosphäre. Verschiedene Bungalows mit Aircon oder Ventilator. Die vorderen stehen unmittelbar am Strand. Ein neues Haus im Garten bietet zwei große, zweistöckige Wohneinheiten, die auch für Familien geeignet sind. Zur Ortsmitte nur ein paar Gehminuten. *41 Zi. | Tel. 077425134 | www.lolitakohsamui.com* | €–€€

MAE NAM RESORT
Gepflegte Anlage mit viel Grün unter den Palmen. Die gemütlichen Bungalows sind alle mit Klimaanlage und Kühlschrank ausgestattet. Für Familien gibt es extragroße Bungalows. Ca. 15 Gehminuten zum Dorf Mae Nam. *41 Zi. | Tel. 077247287 | www.maenamresort.com* | €€

BO PHUT BEACH

(124 B–C2–3) (*🕮 F8*) **Auch dieser Strand in der ca. 2 km langen Bucht ist immer noch eine Ruheoase.**
Unmittelbar vor dem Dorf ★ *Bo Phut* und am östlichen Ende ist der Strand zwar sehr schmal und bei Ebbe teilweise schlammig, aber der Ort selbst wiegt diesen Umstand auf. Die schmale Strandstraße im alten *Fisherman's Village* ist nicht länger als ein Fußballfeld, doch nirgendwo sonst auf Ko Samui finden Sie auf engstem Raum so viele trendige Pubs und Cafés, Restaurants, Boutiquen und Boutiquehotels. Hier mischt sich mediterranes Flair mit thailändischer Leichtigkeit, finden Sie Klasse statt Masse. Kurzum: Bo Phut ist der hippste Ort auf Ko Samui und für einige im ganzen Land.

ESSEN & TRINKEN

CHURRASCO STEAK HOUSE
Das Restaurant des Schweizers Jürg Frei ist auf Ko Samui zum Inbegriff für feinste importierte Steaks geworden. Auch Fisch und Thaiküche sind exzellent. *Tgl. ab 15 Uhr | Ring Rd., nahe Anantara | Tel. 0862747662* | €€–€€€

DEUTSCHER BIERGARTEN
Bei Joachim aus Mannheim wird herzhafte Hausmannskost aufgetischt. Von der bayerischen Bratwurstschnecke mit Kraut bis zum Schnitzel mit Spätzle. *Tgl. ab 17 Uhr | Ring Rd., neben Gokartbahn | Tel. 0898670913* | €€

INSIDERTIPP **FIFTY SIX**
Schickes Lokal unter deutscher Leitung mit internationaler Küche. Thunfischsteak kommt ebenso auf den Tisch wie thailändisches Curry und neuseeländische Lammkoteletts. Der warme Schokovulkankuchen ist eine Geschmacksexplosion. Es werden auch Kurse in

In Bo Phut kommen die Liebhaber von Meeresfrüchten auf ihre Kosten

thailändischem Kochen angeboten. *Tgl. ab 15 Uhr | Ring Rd. 100/26 | Tel. 0878939161 | €€–€€€*

HAPPY ELEPHANT ★
Der Oldtimer unter den Toprestaurants wurde komplett erneuert, ist jetzt luftig und trendy. Geblieben sind die Holzelefanten am Eingang und die ausgezeichnete Küche (Thai, Seafood). *Tgl. Lunch/Dinner | Strandstraße | Tel. 077245347 | €€–€€€*

STARFISH & COFFEE
Feines Ambiente in Gold- und Righttönen, das Seafood-Soufflé wird in der Kokosnuss serviert und schmilzt auf der Zunge. *Tgl. ab 13 Uhr | Strandstraße | Tel. 077427201 | €–€€*

EINKAUFEN

Alles für den täglichen Bedarf im Dorf. Schickes Shoppen in Boutiquen, z. B. im *Siddharta* (Damenbekleidung, Accessoires). Exklusive High Heels im **INSIDERTIPP** *Shop des Boutiquehotels The Red House*. Chef Ulrich Ziems spürt die edlen Designermodelle vor allem in Hongkong und Singapur auf.

FREIZEIT & SPORT

Direkt an der Ringstraße am Ortsrand von Bo Phut können Sie bei *Samui Go Kart (tgl. 9–20 Uhr | ab 600 Baht | Tel. 077425097)* in den kleinen Flitzern Ihre Runden drehen. Für 350 Baht werden ● Massagen am Strand angeboten, aber wenn es Wellness de luxe sein soll, ist das Spa im Edelresort *Anantara (Tel. 077428300 | www.anantara.com | €€€)* die beste Adresse in Bo Phut: Verschiedenste Massagetechniken, Aromatherapien, Dampf- und Schlammbäder werden angeboten. Ein mehrstündiges Verwöhnpaket kostet ca. 15000 Baht.

AM ABEND

Die Pubs und Bars an der Strandstraße haben eines gemeinsam: Ihre Musik beschallt nicht die ganze Nachbarschaft. Allabendlich gen Sonnenuntergang füllt sich die Straße, und jeder findet ein Plätzchen nach seinem Geschmack: Täglich Livemusik und ausgelassene Stimmung gibt es im *Aussie-Pub Billabong Surf Club*, das *Frog & Gecko* ist besonders donnerstags beim Pub-Quiz (auf Englisch) rappelvoll, und das INSIDER TIPP *Karma Sutra* ist Bar, Restaurant und Boutique in einem und allein wegen seines rustikal-flippig-bunten Interieurs einen Besuch wert (auch tagsüber).

ÜBERNACHTEN

BO PHUT RESORT & SPA

Edle Eleganz, wohin man auch schaut in diesem Luxusresort, das sich in einen üppigen Tropengarten schmiegt. Zimmer im Hoteltrakt und Villen teils sogar mit eigenem Pool. Der große Pool mit freiem Blick aufs Meer ist für alle da. *61 Zi. | Bo Phut Beach | Tel. 077245577 | www.bophutresort.com* | €€€

EDEN BUNGALOWS

Bei Gerald und Lydia aus Frankreich fühlen Sie sich wie zu Hause. Es gibt Zimmer in Bungalows und in einem Thaihaus mit Aircon, TV, Minibar und teilweise Open-Air-Dusche. Kleiner Pool, schöner Garten. Zwei Minuten zum Strand. *15 Zi. | Bo Phut, Strandstraße | Tel. 077427645 | www.edenbungalows.com* | €€–€€€

INSIDER TIPP L'HACIENDA

Mediterranes Flair und gold glänzende Buddhareliefs erwarten Sie in diesem

Das Zazen Boutique Resort & Spa: ein Urlaubsort zum Verlieben mit viel Atmosphäre

charmanten Haus unter französischer Leitung. Stilvolle Zimmer mit TV, Klimaanlage, Minibar und Balkonen. Großartiger Blick auch vom kleinen Pool auf dem Dach. *8 Zi. | Bo Phut, Strandstraße (nahe Fisherman's Village) | Tel. 077245943 | www.samui-hacienda.com* | €€–€€€

THE LODGE

Das stilvolle, kleine Haus direkt am Strand und fast im Zentrum von Bo Phut erinnert an eine Privatresidenz. Alle Zimmer mit Meerblick, Klimaanlage, TV. Den Sundowner können Sie sich im Garten in einer winzigen Bar mixen lassen. *9 Zi. | Bo Phut, Strandstraße | Tel. 077425337 | www.lodgesamui.com* | €€

SANDY RESORT

Einfache Zimmer mit Aircon oder Ventilator in Bungalows und ein- bis zweistöckigen Gebäuden. Räume mit TV, Minibar. Kleiner Pool. *70 Zi. | Bo Phut Beach, westl. Strandende | Tel. 077425353 | www.sandysamui.com* | €–€€

ZAZEN BOUTIQUE RESORT & SPA

Ein herrliches Refugium mit liebevoll eingerichteten Bungalowzimmern und kleinem Pool. Ausgezeichnetes Restaurant, das vom französischen Küchenchef Cyrille zu kulinarischen Höhen geführt wird. Hier sollten Sie unbedingt auf ein Dinner vorbeischauen (nach Voranmeldung)! *26 Zi. | Bo Phut Beach | Tel. 077425085 | www.samuizazen.com* | €€€

BIG BUDDHA BEACH

(125 D2–3) (*G8*) **Dieser 2 km lange Strand wird auch *Bang Rak Beach* oder *Phra Yai Beach* genannt (19 km nach Nathon).**

Die meisten Anlagen sind klein und familiär. Die geschützte Bucht ist Ankerplatz von Fischer- und Ausflugsbooten. Bei Ebbe zieht sich das Meer stellenweise weit zurück, legt auch mal Schlamm und Steine frei. Am Big Buddha urlauben viele Stammgäste, die nicht zu viel Rummel wollen, aber die Nähe zur Touristenhochburg Chaweng schätzen. *www.buddhabeach.com*

SEHENSWERTES

BIG BUDDHA ★

1972 begannen die Mönche des Klosters *Wat Phray Yai* am Bang Rak Beach damit, einen 15 m hohen Buddha auf

LOW BUDGET

Nein, Villen sind sie nicht, die Beachbungalows im *Chaiee Villa*. Dafür sind sie aber schon ab 500 Baht zu haben (mit Ventilator/Dusche). *18 Zi. | Bo Phut Beach, westliches Ende neben Zazen Resort | Tel. 0818954780*

VIP für 50 Baht: Die Highspeed-Fähren der Gesellschaft Lomprayah nach Ko Phangan/Ko Tao sind unten meist rappelvoll. Bequemer sitzen Sie oben im VIP-Bereich. Aufpreis aufs Ticket nur 50 Baht (können Sie auch noch an Bord bezahlen).

Wohl die preiswertesten Hütten in Mae Nam bietet das *Mae Nam Cheer* am östlichen Strandabschnitt. Günstige Holzbungalows mit Ventilator und etwas teurere Steinhäuschen mit Aircondition. *8 Zi. | Mae Nam Beach | Tel. 077248262*

Namensgeber und Wahrzeichen des Strands vor Ko Fan: Big Buddha

dem vorgelagerten Inselchen Ko Fan zu bauen. Sie wollten dem Erleuchteten ihre Ehrerbietung erweisen und ahnten nicht, dass die Statue einmal Ko Samuis Wahrzeichen werden würde. Als immer mehr Besucher kamen, wurde zwischen Hauptinsel und dem nur 50 m entfernten Inselwinzling ein Damm aufgeschüttet, der den Zugang erleichterte. Die gold glänzende Statue thront auf einem Hügel, und wer die 80 Stufen hinaufsteigt, hat eine herrliche Sicht auf die Nordküste. Auch wenn es noch so heiß ist: Wer den Buddha in Strandklamotten besucht, missachtet die Landessitte aufs Gröbste. Schultern und Beine sollten unbedingt bedeckt sein.

ESSEN & TRINKEN

Viele Lokale liegen entlang der Hauptstraße. In der *White Bar* im Resort *Saboey (tgl. | Tel. 077430456 | www.saboey.com | €€)* wird asiatisch, westlich und vegetarisch gekocht.

INSIDER TIPP OCEAN ELEVEN

Feinschmeckertreff direkt am Meer. Gemüse stammt aus dem Garten, den Fisch liefern örtliche Fischer. *Tgl. ab 14 Uhr | Hauptstraße nahe Shambala Bungalows | Tel. 077245134 | www.o11s.com |* €€

FREIZEIT & SPORT

Touren und Wassersportaktivitäten können Sie in den Resorts oder bei Reiseveranstaltern buchen. Eine große Auswahl an Wellness- und Detox-Programmen offeriert das *Ban Sabai Retreat & Spa (www.ban-sabai.com)*. Die zweistündige, klassische Thaimassage kostet 1800 Baht.

AM ABEND

Am Big Buddha Beach geht's beschaulich zu, doch einige Pubs, Cafés und Kneipen haben sich entlang der *Hauptstraße* angesiedelt. Das Nightlife-Zentrum der Insel, der *Chaweng Beach*, ist nur 5 km entfernt.

ÜBERNACHTEN

KINNAREE RESORT

Die Anlage mit geräumigen Bungalows – ausgestattet mit Aircon, TV, Minibar – überzeugt mit einem guten Preis-Leistungs-Verhältnis. *14 Zi. | Tel. 0 77 24 51 11 | www.kinnareeresortsamui.com* | €–€€

THE SCENT HOTEL

Edles Haus direkt am Strand. Die Zimmer, einige sogar mit Messingfernrohr, sind in britischem, chinesischem und thailändischem Stil gestaltet. Pool, Spa und Toprestaurant mit französischer und thailändischer Küche. *15 Zi. | Tel. 0 77 96 21 98 | www.thescenthotel.com* | €€€

SAMUI MERMAID RESORT

Zimmer von einfach bis komfortabel, meist mit Aircon, TV, Minibar. Zwei Pools. Gutes Preis-Leistungs-Verhältnis. *76 Zi. | Tel. 0 77 42 75 47 | www.samui-mermaid.info* | €–€€

SECRET GARDEN BUNGALOWS

Gepflegte Bungalows mit Teakholzböden, Aircon, TV, Kühlschrank. Nomen est omen: Die Bungalows stehen in einer herrlichen Gartenanlage. *9 Zi. | Tel. 0 77 24 52 55 | www.secretgarden.co.th* | €–€€

ZIEL IN DER UMGEBUNG

INSIDER TIPP CAMERON HANSEN GALLERY (125 D3) (*G9*)

Der australische Fotograf schafft Bilder von traumhafter Schönheit. Seine Galerie in den Bergen ist ebenso sehenswert wie die angeschlossene Öko-Farm, wo Kochkurse *(Mo, Mi, Fr | 1900 Baht | islandorganicssamui.com)* stattfinden. *Bang Rak | www.cameronhansen.net*

BÜCHER & FILME

Geschichten aus Thailand – Günther Ruffert, der im Land lebt, schreibt direkt und sehr persönlich über die so andersartige Denk- und Lebensweise der Thais.

Phra Farang – Der englische Geschäftsmann Peter Robinson ändert sein Leben total. Er geht in Thailand ins Kloster. Und entdeckt, dass er vorher seine Zeit ziemlich vergeudet hatte. Auf Englisch.

Private Dancer – Aus der Sicht eines Barmädchens, ihres Freundes und deren Bekanntenkreis schildert Stephen Leather eine Beziehung, die in einer Katastrophe endet. Auf Englisch. Die deutsche Übersetzung wird nur in Thailand angeboten. *www.stephenleather.com*

Sightseeing – Rattawut Lapcharoensap porträtiert in sieben Erzählungen intelligent und humorvoll den thailändischen Alltag. Auch auf Deutsch erschienen.

Beautiful Boxer – Eine wahre Geschichte, bewegend in Szene gesetzt von Ekachai Uekrongtham (2003). Ein junger Mann möchte eine Frau sein. Um die Geschlechtsumwandlung zu finanzieren, steigt er in den Ring und wird Champion im Thaiboxen.

The Beach – Leonardo Di Caprio in einer Aussteigerkommune auf einer Insel bei Ko Samui (gedreht wurde auf Phi Phi nahe Phuket). Danny Boyles Streifen (2000) ist zwar abstrus, aber spannend.

KO SAMUI OSTKÜSTE

Die Ostküste ist Ko Samuis Schokoladenseite, und für viele Touristen werden hier Träume wahr. Egal ob diese von Robinsonromantik handeln oder von pulsierendem Nachtleben in Bars und Diskos.

Auf der Insel der kurzen Wege sind Sie an der Ostküste weder von ruhigen Orten noch vom Trubel weit entfernt. Hier finden Sie Resorts, die pro Nacht ein kleines Vermögen kosten, aber auch viele Mittelklasse-Unterkünfte und Billigzimmer in Gästehäusern. Einziger Nachteil der Bilderbuchküste: Im europäischen Winter, der Hauptreisezeit für Ferntouristen, regnet es oft in Strömen, und der Monsun treibt hohe Wellen an die Strände. Aber viele Touristen scheinen auch mit einem verregneten Urlaubsparadies klarzukommen. Denn gerade in dieser Zeit herrscht hier Hochsaison. Die Strände werden im Folgenden im Uhrzeigersinn beschrieben.

THONG SON BAY

(125 E1) (*H7*) **Ko Samui hat noch viele ruhige Ecken, aber einsamer als hier können Sie kaum unterkommen.**

Nur drei Resorts von schlicht bis edel teilen sich diese Bucht der himmlischen Ruhe. Bei Ebbe ist Baden wegen der Felsen und Korallen kaum möglich, aber Schnorchler finden immer einen Durchschlupf, der sie zum Liveaquarium führt. Öffentliche Verkehrsmittel haben diese

Bild: Coral Cove Bay

Im Osten können Sie in Pfahlhütten oder Edelresorts wohnen, Robinsonromantik genießen und Ihr Diskofieber ausleben

von grünen Bergflanken eingerahmte Bucht nicht auf ihrem Fahrplan. Für die Anfahrt brauchen Sie ein eigenes Verkehrsmittel oder ein Taxi.

ÜBERNACHTEN

MELATI BEACH RESORT & SPA

Es ist meist eine Frage der Zeit, bis sich auch in der abgelegensten Traumbucht ein Luxusresort ansiedelt. So auch in der Thong Son Bay, wo das Melati seine Gäste empfängt. Diese wohnen in Edelvillen, teils mit eigenem Schwimmbecken. Die Anlage erstreckt sich über einen Berghang mit künstlichen Wasserläufen bis runter zum Meer. Zwei Pools, Spa. *79 Zi. | Tel. 077913400 | www.melatiresort.com* | €€€

INSIDER TIPP THONG SON BAY BUNGALOW

Hier sind Ruhe und die angenehme Atmosphäre der größte Luxus. Seit Anfang 1990 betreiben Mr. Pong und seine Familie dieses liebenswerte Refugium.

Urlaub der Luxusklasse und doch ganz naturnah verspricht The Tong Sai Bay

Und er hat auch nicht vor, sein Land an finanzkräftige Investoren zu verkaufen, sodass hier ein Stückchen „altes" Ko Samui bestehen bleibt, wo Sie in Bungalows mit Aircon und Ventilator, Moskitonetz und Meerblick urlauben können. *20 Zi. | Tel. 08 18 91 46 40 | www.samuithongsonbay.com* | €–€€

TONG SAI BAY

(125 E2) (*∞ H7*) **Dieses paradiesische Fleckchen, durch eine Felsnase vom Choeng Mon Beach getrennt, ist wie geschaffen für ein exklusives Resort – das einzige an diesem Strand –, in dem der Luxus keine Grenzen kennt.**

ÜBERNACHTEN

THE TONG SAI BAY ★

In der traumhaften Anlage wird organischer Abfall recycelt, Gemüse und Kräuter werden im eigenen Ökogarten geerntet, und Plastikverpackungen sind verboten. Die kleinsten der luxuriösen Chalets bieten stolze 68 m² Fläche. Die größten heißen „Villas"; wer hier einzieht, darf sich wie ein König fühlen und auf der Terrasse in die Open-Air-Badewanne steigen. Solch Luxus hat freilich seinen Preis: Pro Nacht müssen Sie zwischen 240 und 640 Euro hinblättern. 2 Pools, Spa, Tennisplatz, Fitnessstudio. Das Resort vermietet Kanus und Segeljollen. *83 Zi. | Tel. 0 77 24 54 80 | www.tongsaibay.co.th* | €€€

CHOENG MON BEACH

(125 E–F2) (*∞ H7–8*) **Auch diese Bucht mit ihrem schneeweißen Strand ist von grünen Hügeln eingerahmt.**

Mehrere einfache und luxuriöse Resorts, aber immer noch ein Plätzchen für Ruhesuchende. Zu dem vorgelagerten Inselchen *Fan Noi* können Sie bei Ebbe hinüberwaten.

ESSEN & TRINKEN

Am Strand bieten einige Seafoodlokale Meeresfrüchte und Thaiküche. Das *Pangaea (tgl. | €€)* im Sala Samui Hotel offeriert mediterrane Küche, und an der Ringstraße lockt das *Akbar Indian Restaurant (tgl. 11–22 Uhr | €€)* mit Spezialitäten vom Subkontinent. Lieferservice.

ROCKPOOL

Das Restaurant des Edelresorts *Kanda* gilt unter Feinschmeckern als eines der besten auf auf Ko Samui: Hier gibt es internationale Küche mit Betonung auf mediterranen und thailändischen Kreationen. Die Gäste können den Köchen bei der Arbeit zuschauen oder den Blick aufs Wasser richten – das Restaurant wurde auf einem Felsen hoch über dem Meer errichtet. Ein toller Platz für einen Cocktail zum Sonnenuntergang! *Tgl. ab 19 Uhr | auf halbem Weg an der Straße zwischen Choeng Mon und Chaweng Beach | Tel. 077 23 45 00 | www.kanda-residences.com*

EINKAUFEN

Auch am Choeng Mon hat sich eine kleine touristische Infrastruktur mit Shops, Tourveranstalter, Mopedverleih und natürlich auch mit dem obligatorischen Schneider angesiedelt.

FREIZEIT & SPORT

Surfbretter und Kajaks werden am Strand vermietet. Im Wellnessresort *Absolute Sanctuary (www.absolutesanctuary.com)* 1 km südlich des Strands an der Straße nach Chaweng können Sie Yogakurse buchen oder einfach reinschauen und eine Stunde lang mitmachen *(650 Baht)*.

ÜBERNACHTEN

THE IMPERIAL BOATHOUSE

Sehr schönes Komfortresort am Strand. Etwas für Romantiker sind die Zimmer in umgebauten Reisbarken. Spa, Pool. *210 Zi. | Tel. 077 42 50 41 | www.imperialboathouse.com | €€€*

MARCO POLO HIGHLIGHTS

★ **The Tong Sai Bay**
Die Villen des Edelresorts in der gleichnamigen Bucht haben ihren Preis, sind aber wunderschön → S. 44

★ **Eat Sense**
Köstliche Küche mit Meerblick → S. 46

★ **Strandlokale**
Romantisch: thailändische Köstlichkeiten bei Kerzenschein am Chaweng Beach serviert → S. 47

★ **Tamarind Springs**
Wellness in einer natürlichen Felsenlandschaft mitten im Dschungel → S. 53

★ **The Library**
Schöne neue Resortwelt mit einem rot gekachelten Pool → S. 49

★ **Ko Tao**
Einfach abtauchen im Golf von Siam! Das wahre Paradies liegt hier unter Wasser → S. 49

★ **Mu Ko Ang Thong Marine National Park**
Wie eine verzauberte Welt präsentieren sich die Inseln des Meeresnationalparks → S. 50

★ **Hin Ta & Hin Yai**
Skurrile Felsformationen am Lamai Beach → S. 52

★ **Ban Hua Thanon**
Die bunten Boote der muslimischen Fischer sind schwimmende Kunstwerke → S. 55

P. S. THANA RESORT

Um einen Pool gruppieren sich eine Reihe solider Häuser mit jeweils vier komfortablen Zimmern sowie einige schöne, geräumige Villen. Alle mit Aircondition, TV und Minibar. *31 Zi. | Tel. 077417195 | www.psthanaresort.com* | €€–€€€

CHAWENG BEACH

(125 D–E5) *(🗺 G–H 9–10)* **4 km langer, weißer Sandstrand zwischen kristallblauem Meer und Palmenspalier begeistern auch verwöhnte Strandkenner.** Kein Wunder, dass der Chaweng Beach (20 km nach Nathon) sich zum Tourismuszentrum auf Ko Samui entwickelt hat. Hier finden Sie alles: Resorts jeder Preisklasse und Restaurants mit den Küchen der halben Welt. Reisebüros, Shops und Supermärkte. Bierbars, Pubs und eine Diskoszene, wie sie kein anderer Strand in Thailand bietet. Der letzte Fischer und der letzte Kokosnussbauer sind längst weg, aber trotzdem ist dieser Strand kein betonierter Sündenfall – dank strikter Auflagen: Kein Strandresort darf höher sein als die Palmen. Um viele Anlagen wurden üppige Tropengärten gepflanzt.

ESSEN & TRINKEN

EAT SENSE ★

Hier isst das Auge in jeder Hinsicht mit. Denn auch die Aussicht ist bestechend – das Restaurant liegt direkt am Strand. Exzellente thailändische Küche und Seafood können Sie open air oder klimatisiert genießen. *Tgl. | Beach Rd., neben Banana Fansea Resort | Tel. 077414242 | www.eatsensesamui.com* | €€€

GALANGA

Geschmackvoll eingerichtetes Restaurant-Café auf zwei Etagen. An den Wänden hängt Kunst, die auch käuflich erworben werden kann. Thailändische Küche mit westlichen Akzenten; probieren Sie INSIDER TIPP Ente mit Mango. *Tgl.* |

Verdient die Bezeichnung Traumstrand: der Chaweng Beach

Beach Rd., nahe Soi Green Mango | Tel. 0 77 96 32 13 | www.galangasamui.com | €€

BEI OTTO
Schweinshaxe und Bauernfrühstück, Obatzda und Kartoffelsalat – hier werden Heimwehkranke satt und glücklich. Live-Übertragung von Bundesliga-Spielen. Angeschlossen ist das italienische Restaurant *Amici. Tgl. | Beach Rd., gegenüber Central Festival | Tel. 09 59 94 78 60 |* €€

RED SNAPPER
Elegantes Spitzenlokal mit Terrasse neben dem Chaweng Regent Beach Resort, zu dem es gehört. Neuseeländisches Lamm wird hier genauso perfekt zubereitet wie norwegischer Lachs oder thailändische Königsgarnelen. *Tgl. ab 17 Uhr | Beach Rd. | Tel. 0 77 30 02 00 | www.redsnappersamui.com |* €€€

RICE
Italiener gibt's auf Ko Samui wie Sand am Meer. Dieser hier hat sich an die Spitze gekocht. Architektur und Interieur – von der Sofa-Lounge bis zum gläsernen Aufzug – machen das Rice zu einem Erlebnis. *Tgl. ab 14 Uhr | Beach Rd., gegenüber Soi Green Mango | Tel. 0 77 23 19 34 | www.ricesamui.com |* €€–€€€

STRANDLOKALE ★ ●
Der Chaweng Beach wird abends zu einer Idylle. Romantischer kann man im Schein von Tausenden Glühbirnchen nicht dinieren. Fische, Garnelen und Langusten werden direkt an Ort und Stelle gegrillt, Alles andere wird aus den Resortküchen an den Strand gebracht.

EINKAUFEN
Souvenirläden, Shops und Boutiquen, Schneidereien, Supermärkte und offene Verkaufsstände reihen sich an der Beach Road aneinander.

ANNEBRA
Sexy Bikinis für das Schaulaufen am Strand und auf der nächsten Poolparty. *Beach Rd., gegenüber Central Festival*

INSIDER TIPP CHANDRA
Ein Name, zwei Boutiquen, die exquisite Kollektionen von Damenbekleidung, Accessoires und Schuhen führen. Die Israelis Dana und Barrack tragen die schicken Stücke in halb Asien zusammen. *Beach Rd., schräg gegenüber McDonalds (Chaweng Lake) und gegenüber Central Festival | www.chandra-exotic.com*

DESEO
Strandkleider und Beachwear sowie Accessoires. *Beach Rd., neben AnneBra*

MARKT
Bekleidung, Taschen, Schuhe, Souvenirs und allen möglichen Schnickschnack gibt es an vielen Ständen auf dem großen Marktgeviert an der *Beach Rd. (gegenüber Resort Chaweng Regent).*

FREIZEIT & SPORT
Am Strand werden Windsurfbretter, Kanus und Katamarane vermietet. Den freien Fall erleben kann man bei Bungee-Jump für 1500 Baht *(am See | www.samuibungy.com)* Wer sich anmeldet, wird vom Hotel abgeholt.
In die Geheimnisse der Thaiküche weiht Sie das ● *Samui Institute of Thai Culinary Arts (South Chaweng Beach Rd., gegenüber Centara Grand Beach Resort | www.sitca.net)* ein. Die Kochschule bietet zweimal täglich dreistündige Kurse an *(Mo–Sa | 1950 Baht).* Was unter Anleitung zubereitet wird, wird anschließend gemeinsam verzehrt.

Im *Tesco Lotus,* dem größten Einkaufszentrum der Insel *(an der Ring Rd.)* finden Sie gleich drei *Kinos,* die thailändische und englischsprachige Filme zeigen. Nehmen Sie eine Jacke mit, die Klimaanlagen funktionieren gut. Wenn vor dem Film die Nationalhymne gespielt wird, sollten auch Sie sich erheben.

AM ABEND

Nightlife-Zentren rund um die Soi Green Mango im Zentrum von Chaweng und an der Soi Reggae am Chaweng Lake. Gay-Szene in der Gasse schräg gegenüber Centara Beach Resort an der Beach Road. Travestieshows im *Starz Cabaret (tgl. 22 Uhr | Beach Rd. schräg gegenüber Montien Hotel | www.starzsamui.co.th)* und im *Paris Follies Cabaret (tgl. 20, 21, 22 und 23 Uhr | Seitengasse der Beach Rd., gegenüber der Ark Bar).* Der *Reggae Pub (Soi Reggae | www.reggae-pub.com)* ist schon Samui-Legende (feierte im Februar 2015 seinen 27. Geburtstag), aber immer noch ein Muss auf der abendlichen Clubbingtour. Auch am *Green Mango (www.greenmangogroup.com)* an der gleichnamigen Seitengasse kommen alle, die gern unterm Mondlicht tanzen, nicht vorbei. Riesige Open-Air-Disko mit Platz für 2000 Leute.

Rings um das Green Mango viele Bars von rustikal bis hip, z. B. der urige Partytreff *Sweet Soul* oder das hip-hoppige *Sound,* wo Sie von der Tanzfläche in den Pool springen können. Immer angesagt ist die *Q Bar (www.qbarsamui.com)* auf dem Hügel hinter dem Chaweng Lake, wo internationale Top-DJs auflegen und Clubber eine tolle Sicht auf das nächtliche Chaweng genießen. Eine coole Alternative ist die INSIDER TIPP *Ice Bar (nördl. des Sees | www.baricesamui.com),* die ihrem Namen alle Ehre macht: Fellmützen werden gestellt.

Die Sperrstunde von 2 Uhr wird strikt eingehalten. Wer es ruhiger mag, lässt die Nacht mit einem Cocktail am Beach ausklingen. Viele Resorts betreiben Strandbars mit bequemen Liegen.

ÜBERNACHTEN

INSIDER TIPP AKWA GUESTHOUSE

Poppig und funky ist dieses farbenfrohe Gästehaus. Viele junge Gäste schätzen die relaxte Atmosphäre. Alle Zimmer mit Aircon, TV. Zum Strand über die Straße. *20 Zi. | Beach Rd., gegenüber Re-*

ALLZWECKBAUM KOKOSPALME

Auf Ko Samui ragen rund zwei Mio. Kokospalmen in den Himmel – ein wichtiger Wirtschaftsfaktor: Die noch grünen Nüsse liefern köstlichen, glasklaren Saft. Kokosmilch wird aus dem getrockneten Fruchtfleisch (Kopra) der reifen Nüsse gepresst. Die Kopra lässt sich auch zu Öl verarbeiten, das zum Kochen ebenso verwendet wird wie zum Massieren oder für die Herstellung von Seife. Die äußere Schale heizt getrocknet dem Herdfeuer ein, aus ihren Fasern werden Matten gefertigt. Die harten inneren Schalen dienen z. B. als Gefäße. Der meist kerzengerade Stamm wird zu Brettern zersägt, und die gefiederten Palmwedel lassen sich zu Dachplatten flechten. Der Allzweckbaum ist äußerst genügsam, er wächst auf feuchten Wiesen ebenso wie am heißen Sandstrand.

sort Poppies | Tel. 08 46 60 05 51 | www.akwaguesthouse.com | €–€€

INSIDER TIPP **CHAWENG BEACH HOTEL**
Angenehme Zimmer in dreistöckigem Gebäude an der Strandstraße (zum Beach zwei Minuten durch das Resort Iyara). Aircon, TV, Minibar. Es gibt keine Betten, dafür bequeme Matratzen auf einem holzverkleideten Podest. Sehr gutes Preis-Leistungs-Verhältnis. *36 Zi. | Beach Rd. | Tel. 0 77 30 04 00 | www.chawengbeach-hotel.com* | €€

THE LIBRARY ★
Designhotel mit schnörkellosen Luxuszimmern in weißen Betonquadern – eine futuristisch anmutende Oase der Ruhe. Eine ● Bibliothek mit einer großen Buch- und DVD-Auswahl gehört ebenfalls dazu. Absoluter Hingucker ist der rot gekachelte Pool. Und auch wenn Sie nicht 400 Euro und mehr pro Nacht zahlen wollen, sollten Sie sich in der Beachbar mal einen Kaffee gönnen und das Gesamtkunstwerk bestaunen. *26 Zi. | Beach Rd. | Tel. 0 77 42 27 67 | www.thelibrary.co.th* | €€€

LONG BEACH LODGE
Geräumige Bungalows mit Aircon, TV, Kühlschrank. Zwischen den Bungalowreihen schöne Freifläche. Strandrestaurant. Familiäre Atmosphäre. *54 Zi. | Beach Rd. | Tel. 0 77 42 21 62 | www.longbeachsamui.com* | €€–€€€

MUANG KULAY PAN HOTEL
Gestylt von den Chromwaschschüsseln auf Bambusständern bis hin zu den palmlaubgedeckten Speisepavillons für zwei Personen am Strand. Vor dem riesigen Palmengarten mit Pool erstreckt sich eine 60 m lange Strandfront mit feinstem Sand. *42 Zi. | Beach Road | Tel. 0 77 23 08 49 | www.kulaypan.com* | €€€

Auf Ko Tao stehen (Unter-) Wassererlebnisse im Mittelpunkt

O. P. BUNGALOW
Einfache, aber saubere Bungalows mit Klimaanlage, TV, Minibar. Gepflegter Garten, gute chinesische und thailändische Küche im Restaurant direkt am Strand. Ein vorgelagertes Riff hält hier auch während des Nordostmonsuns (Nov.–Jan.) hohe Wellen ab. *35 Zi. | Beach Rd. | Tel. 0 77 30 05 55 | www.opbungalow.com* | €€

ZIELE IN DER UMGEBUNG

KO TAO ★ (0) (*B3*)
Das mit Abstand beste Tauchrevier im Golf von Siam umgibt diesen von Dschungel überwucherten Berg im Meer 55 km nördlich von Ko Samui. Das nur 21 km² große Eiland war früher eine Strafkolonie. Am Hauptstrand von *Mae Hat*, wo die Fährboote anlegen, und

weiter nördlich am Strand von *Sai Ri* auf der Westseite reihen sich Restaurants, Tauchschulen, Läden und Resorts. Die meisten zweckmäßig, aber es gibt auch schnucklige Romantikbleiben wie das *Sensi Paradise Beach Resort (nur Online-Reservierung | www.sensiparadise.com | €€€)*. Da viele Resorts selbst eine Tauchschule betreiben oder mit einer solchen zusammenarbeiten, sollten Nichttaucher vorher fragen, ob sie überhaupt ein Zimmer bekommen. Touren und Unterkünfte vermittelt jedes Reisebüro auf Ko Samui. Tauchschulen auf Ko Samui unterhalten Filialen auf Ko Tao und vermitteln dort Bungalows *(www.kohtao.sawadee.com, www.kohtaoonline.com, www.kohtaolive.com, www.kohtao.com, www.kohtaothailand.de)*.

MU KO ANG THONG MARINE NATIONAL PARK ★ (0) (B4)

Die rund 40 unbewohnten Inseln des Meeresnationalparks liegen ca. anderthalb Bootsstunden nordwestlich von Ko Samui. Die meisten sind nicht mehr als Felsen, die bis zu 200 m hoch steil aus dem Wasser ragen. Auf der Insel *Ko Mae Ko* hat die Natur einen smaragdgrünen

Smaragdgrün schimmert der See von Ko Mae Ko, Hauptattraktion im Archipel

Salzwassersee erschaffen, der rundum von Felswänden eingeschlossen ist. Die Parkverwaltung unterhält auf der größten Insel, *Ko Wua Talap*, einfache Holzbungalows für Gruppen und vermietet Zelte. Anmeldung unbedingt erforderlich *(www.dnp.go.th)*. Jedes Reisebüro bietet Tagesausflüge mit Schnorchelstopps in diese faszinierende Inselwelt an. Ein besonderes Erlebnis sind ein- oder mehrtägige Kanutouren. Auch diese können Sie bei vielen Veranstaltern buchen.
Von Anfang November bis Ende Dezember wühlt der Monsun das Meer so sehr auf, dass der Nationalpark aus Sicherheitsgründen geschlossen werden muss. Damit wird zugleich sichergestellt, dass das fragile Ökosystem unter der Wasseroberfläche sich für zwei Monate selbst überlassen bleibt und regenerieren kann. *samui.sawadee.com/angthong*

CHAWENG NOI BEACH

(125 D6) (*🗺 G10–11*) **Den kleinen *(noi)* Chaweng Beach trennt eine Landzunge vom großen Bruder.**
Der Chaweng Noi Beach ist gut 1 km lang, von grünen Hügeln eingerahmt und ein ruhiger Ort, denn abgesehen von einem halben Dutzend Resorts gibt es hier tatsächlich keine nennenswerte touristische Infrastruktur. Gefahrlos baden kann man hier wegen der hohen Brandung allerdings nur in den Sommermonaten.

ÜBERNACHTEN

THE IMPERIAL SAMUI

Das Edelresort wirbt damit, mediterranen Stil mit thailändischer Gastfreundschaft zu verbinden. Hier ist alles vom Feinsten, von den luxuriösen Zimmern bis zur Gartenanlage. Zum Resort gehören ein Süß- und ein Salzwasserpool und ein Spa. Netter und kostenloser Service: ● Donnerstags und sonntags führt ein Mitarbeiter Gäste anderthalb Stunden lang durch die parkähnliche Anlage und erläutert die üppige Flora. *141 Zi. | Tel. 0 77 42 20 20 | www.imperialsamui.com |* €€€

CORAL COVE BEACH

(129 D–E1–2) (*🗺 G11*) **Der Coral Cove Beach ist eine weitere Meisterleistung der Natur an der Ostküste.**
Diese kleine Bucht tief unter der Ringstraße ist ein gutes Schnorchel- und Tauchrevier und besticht durch ihre Felsformationen, die vom Meer umspült werden. Zwischen den Felsen leuchtet feinster, weißer Sand. Fünf Resorts der mittleren bis gehobenen Preisklasse teilen sich dieses malerische Fleckchen.

ÜBERNACHTEN

CORAL COVE CHALET

Die Bungalows am Hang oder direkt am Strand sind gemütlich und klimatisiert. Neben einem Pool gibt es auch ein Spa. *81 Zi. | Tel. 0 77 44 85 00 | www.coralcovechalet.com |* €€€

HI CORAL COVE

Die einfachen, aber sauberen Bungalows liegen malerisch am Palmenhang über der Felsenbucht und haben eine tolle Aussicht aufs Meer. Alle Zimmer mit Aircondition. Zum Strand geht's über eine steile Treppe. *10 Zi. | Tel. 0 77 44 84 67 | www.sawadee.com/hotel/samui/hi coral |* €–€€

THONG TAKHIAN BAY

(129 E2) (*🗺 G–H 11–12*) **Selbst wenn alle fünf Resorts voll belegt sind, herrscht hier kein Rummel.**
Der Strand ist erste Klasse, bei Ebbe ist das Wasser allerdings sehr flach, und Sie müssen erst ein Stück hinauswaten, bis es Schwimmtiefe erreicht.

ÜBERNACHTEN

CRYSTAL BAY YACHT CLUB

Yachten gehen hier zwar nicht vor Anker, aber dieses Resort ist das erste Haus am Platz. Gepflegte Anlage mit viel Grün, Pool. Die Bungalows sind nicht luxuriös, aber mit allem Komfort ausgestattet (Aircondition, TV, Minibar). *43 Zi. | Tel.*

0 77 44 84 86 | www.crystalbayyachtclub-samui.com | €€€

SILVER BEACH RESORT
Die Bungalows sind schlicht, aber teilweise sogar mit Aircondition, TV, Minibar.

Der Hin Ta bildet unverkennbar den männlichen Part der Felsformation

Nichts für Komfortsucher, dafür stimmt das Preis-Leistungs-Verhältnis. *34 Zi. | Tel. 0 77 44 85 42 | www.silverbeachsamui.com | €*

LAMAI BEACH

(128–129 C–D3–4) (🕮 F–G12) **Nach Chaweng ist dieser 4 km lange Strand mit feinem bis grobkörnigem Sand das am weitesten entwickelte Tourismuszentrum auf Ko Samui (30 km von Nathon).** Zahlreiche Shops, Restaurants und Internetcafés, Schneiderläden, Bars und Pubs säumen die zurückversetzte Strandstraße und stehen dicht an dicht im kleinen Zentrum. Fast alle Resorts liegen direkt am Strand. Das Preisniveau ist generell etwas niedriger als am Chaweng Beach, und das Nachtleben ist nicht ganz so exzessiv und ausgelassen. Dafür ist die Brandung höher: Der Lamai hat kein vorgelagertes Korallenriff.

SEHENSWERTES

HIN TA & HIN YAI ★
Der „Großvaterfelsen“ und der „Großmutterfelsen“ (so die wörtliche Übersetzung) am südlichen Ende von Lamai Beach sind die berühmtesten Sehenswürdigkeiten auf Ko Samui, die von der Natur erschaffen wurden. Direkt am Strand und bei Flut vom Meer umspült, erinnern sie an männliche und weibliche Genitalien. Der Legende nach stellen sie ein Ehepaar dar, das hier vor der Küste Schiffbruch erlitt und nach seinem Tod versteinert wurde.

WAT LAMAI
Auf dem Gelände des Wat Lamai kann man noch das traditionelle Treiben beobachten, das einen Tempel zum Dorfmittelpunkt macht. Wer die Augen offen hält, wird vieles aus vergangenen Zeiten entdecken – etwa die altertümlichen LKW neben der Schule. *An der 90-Grad-Kurve der Ring Rd. im Dorf*

ESSEN & TRINKEN

Feinschmeckertempel werden Sie am Lamai Beach vergeblich suchen, aber es gibt eine ganze Reihe von Lokalen, die ordentliche und preiswerte Gerichte auftischen. Empfehlenswert sind auch die Garküchen auf dem lokalen Frischwarenmarkt, die tagsüber solide Thai-Hausmannkost servieren.

BEACH REPUBLIC
Das schicke Strandrestaurant des gleichnamigen Resorts offeriert eine sehr umfangreiche Speisekarte. Thai-Currys stehen ebenso drauf wie Hamburger, Fisch, Frühlingsrollen, Pasta, Pizza und Tapas. Bei solch kulinarischem Sammelsurium ist normalerweise Vorsicht geboten, aber hier stimmt die Qualität. *Tgl. | Lamai Beach, nördl. Ende | Tel. 077458100 | www.beachrepublic.com* | €€–€€€

INSIDER TIPP **ESARN INTER RESTAURANT**
Einfaches, gutes Thairestaurant, das sich auf die Küche des Nordostens spezialisiert hat. Scharfe Currys und Salate, Klebereis und andere Spezialitäten. *Tgl. | an der Ring Rd., nahe Wat Lamai* | €

SALATHAI RESTAURANT
Gute thailändische und italienische Küche, Seafood. Abends rappelvoll. *Tgl. ab 14 Uhr | Beach Rd., nahe Night Plaza | Tel. 077233180* | €

EINKAUFEN

Entlang der Beach Road gibt es jede Menge Souvenirshops, Läden, Supermärkte. Viele Stände sind in der *Lamai Night Plaza* im Zentrum.

FISHERMAN'S PANTS SHOP ●
Traditionelle Thai-Fishermen-Hosen und andere ausgewählte Kleidungsstücke von freaky bis hip finden Sie im Shop von Israeli Erez, der stets auch zu einem Plausch bereit ist. *Nördlicher Lamai, Gasse zum Strand gegenüber Riverside Bungalow | www.fishermenpants.com*

FREIZEIT & SPORT

Verleiher bieten Surfboards direkt am Strand an. Die Dschungelberge im Hinterland von Lamai sind ein ausgezeichnetes Terrain für Mountainbiker. Bikes verleiht in Lamai *P. Massage (Ring Rd., nahe Post Office | Tel. 0805232760 | 200 Baht/Tag)*.

Ein traumhaftes Wellnessparadies sind die ★ ● *Tamarind Springs (Tel. 077 424221 | tamarindsprings.com)*. Am nördlichen Strandende führt eine Stichstraße landeinwärts zu der in einer Dschungellandschaft mit mächtigen Felsen gelegenen Wohlfühloase. Saunieren in einer Höhle, abkühlen in natürlichen Pools, in die sich kleine Wasserfälle ergießen, Massagen von Expertinnen. Unbedingt voranmelden, da nur eine Handvoll Besucher gleichzeitig in die preisgekrönte Anlage dürfen. Terminvereinbarung und Auswahl eines Verwöhnpakets *(ab ca. 1500 Baht)* verbinden Sie am besten mit einem Besuch des *Spa-Cafés*, in dem vorwiegend vegetarische Gerichte serviert werden.

Auszeit vom Kloster: buddhistische Mönche am Lamai Beach

Während und nach der Regenzeit besonders eindrucksvoll: die Wasserfälle von Na Muang

AM ABEND

Das Zentrum des Nachtlebens mit vielen Clubs und Bars befindet sich mitten in Lamai nahe McDonalds. Im offenen Boxring dazwischen bearbeiten sich auch schlagkräftige Damen mit Fäusten und Füßen. Die meisten Besucher interessieren sich allerdings eher für die leicht bekleideten Thai-Frauen, die in den Bierbars nach Bekanntschaften suchen. Gegenüber den Bars liegt die Diskothek *Fusion Club,* in der neben den Resident-DJs auch Gast-DJs auflegen. Abwechslung bietet in der gleichen Straße die Travestieshow *The Cabaret (www.thecabaretsamui.com).* Im *Shamrock Irish Pub (www.samui-shamrock.com)* wird neben Thai-Whiskey natürlich Guinness ausgeschenkt und jeden Abend spielt eine Liveband.

ÜBERNACHTEN

INSIDER TIPP LAMAI PERFECT RESORT

Etwas zurückversetzt liegendes Haus mit exzellentem Preis-Leistungs-Verhältnis (zum Strand 2 Min.). Klimatisierte Zimmer mit TV, Kühlschrank. Pool. *30 Zi. | Beach Rd. | Tel. 077424406 | www.lamaiperfectresort.com* | €–€€

LAMAI WANTA

Cool gestyltes Resort in Weiß und Grau. Komfortzimmer in Bungalows oder im Hoteltrakt. Der Pool befindet sich vorne am Strand. Viel Grün und alte Bäume. *74 Zi. | Beach Rd. | Tel. 077424550 | www.lamaiwanta.com* | €€€

SEABREEZE PLACE

Komfortable Zimmer in dreistöckigem Gebäude mit TV, Aircondition,

Kühlschrank. Garten, Pool. Guter Gegenwert fürs Geld. Zum Strand müssen Sie nur über die Straße. *25 Zi. | Beach Rd. | Tel. 077960601 | www.samuiseabreezeplace.com* | €€

THE SPA RESORT

Einfache, aber angenehme Zimmer mit Aircondition in Bungalows um einen Pool oder im zweistöckigen Gebäude. Eines der ersten Strandresorts auf Ko Samui, das sich auf die Gesundheit der Gäste spezialisierte; das Angebot reicht von Yoga über Dampfbad und Meditation bis zur vegetarischen Küche. *24 Zi. | Ring Rd. | Tel. 077230976 | www.spasamui.com* | €

INSIDER TIPP UTOPIA

Heimelige Teakholzbungalows mit Klimaanlage, TV, Kühlschrank oder Ventilator in schönem Garten. Familiäre Anlage am Strand, Sauna, Massagen. *37 Zi. | Beach Rd. | Tel. 077233113 | www.utopia-samui.com* | €–€€

ZIELE IN DER UMGEBUNG

BAN HUA THANON ★
(128 B–C4) *(🕮 F13)*

Dieses Fischerdorf 3 km südlich von Lamai ist wegen seiner bunten Boote bemerkenswert. Die *go lae* gehören muslimischen Fischern, deren Vorfahren Anfang des 20. Jhs. vom tiefen Süden Thailands nach Ko Samui übersiedelten.

WASSERFÄLLE VON NA MUANG ●
(127 E–F3) *(🕮 D12)*

Von der Ringstraße beim Dorf Ban Durian zweigen im Abstand von ca. 100 m Stichstraßen zu den Wasserfällen *Na Muang II* und *Na Muang I* ab. Die Nummer zwei ist mit einer Fallhöhe von 80 m eindrucksvoller als der kleinere Bruder (ca. 30 m Fallhöhe). Nehmen Sie Badesachen mit und genießen Sie die Abkühlung in den natürlichen Pools zu Füßen der Wasserfälle. Safaripark mit Affen- und Krokodilshow und Elefantentrekking. Jedes Reisebüro bietet Ausflüge hierher an *(www.namuangsafarisamui.com)*.

WAT KHUNARAM (128 A4) *(🕮 E13)*

Der Tempel selbst ist nicht außergewöhnlich, doch die Thais kommen hierher, um den mumifizierten Körper des Mönchs Loung Pordaeng (gest. 1973) zu sehen – und um Beistand zu erflehen. Dem im Alter von 79 Jahren verstorbenen Mönch werden immer noch magische Kräfte nachgesagt. Er hatte zu Lebzeiten seinen Todestag vorausgesagt und prophezeit, dass sein Körper nie verwesen werde. Und bis dato hat er Recht behalten. *Links an der Ring Rd. westl. von Ban Hua Thanon, 1,5 km hinter der Abzweigung zum Wat Samret*

LOW BUDGET

Jean bietet im *O'Soleil* die preiswertesten Bungalows am Choeng Mon Beach an (400–1200 Baht). *37 Zi. | Choeng Mon Beach | Tel. 077425232 | www.prealp.ch/osoleil*

Die größte Auswahl an gebrauchtem Lesestoff finden Sie am Lamai Beach. 15 000 Bücher in 18 Sprachen bei ● *Island Books (Ring Rd. gegenüber Sugar Palm Resort)*.

Billiger als in den *New Hut Bungalows* (ab 400 Baht, Ventilator/Dusche) können Sie am Lamai Beach ein paar Meter vom Wasser entfernt nicht wohnen. *36 Zi. | Tel. 077230437, 0814761343*

KO SAMUI SÜD- UND WESTKÜSTE

Der Tourismus boomt auf Ko Samui, aber die Süd- und die Westküste hat er bislang nur angekratzt. Hier finden Sie noch kleine, verträumte Bauern- und Fischerdörfer, und nur wenige Resorts haben sich in den kleinen Buchten angesiedelt.

Die Strände können nicht mit denen an der Nord- oder Ostküste mithalten. Sie sind teilweise steinig oder schlammig, das Wasser ist an vielen Stellen bei Ebbe zu seicht zum Schwimmen. Aber auch hier hat die Natur einige sandige Buchten geschaffen, die wie schimmernde Juwelen auf Entdecker warten. Da die Inselringstraße schon bei Ban Hua Thanon einen Haken landeinwärts schlägt, sind die Resorts an der Südküste und an der unteren Westküste nur über Stichstraßen zu erreichen, die von der Straße 4170 abzweigen. Wer mobil sein will, braucht sein eigenes Fahrzeug. Die Strände werden im Uhrzeigersinn beschrieben.

NATIEN BEACH/KAP LAEM SET

(128 A6–B5) (*E14*) **Die Küste rechts (Natien Beach) und links vom Kap Laem Set ist mit ihren Felsformationen und Sandbuchten eine der schönsten auf Samui. Die vorgelagerten Korallenriffe sind zwar abgestorben, bieten aber noch einigen Fischen Unterschlupf.**

 Bild: Butterfly Garden

Die Küste der Fischer- und Bauerndörfer: Den Süden und den Westen von Ko Samui hat der Tourismus bisher kaum verändert

An diesem Küstenabschnitt gibt es nur Resorts der gehobenen Klasse.

SEHENSWERTES

BUTTERFLY GARDEN ★

Ein Netz überspannt diesen tropischen Garten mit künstlichem Teich und Wasserfall. Hunderte von Schmetterlingen jeder Art und Farbe flattern hier herum. Die Tiere haben sich so an die Besucher gewöhnt, dass sie manchmal sogar auf einer ausgestreckten Hand landen. Wenn es regnet, fliegen die Schmetterlinge allerdings nicht. *Tgl. 8.30–17.30 Uhr | Eintritt 200 Baht | auf dem Hügel gegenüber Resort Centara Village*

ESSEN & TRINKEN

BAANLAMOM RESTAURANT

Eines der wenigen eigenständigen Restaurants in diesem Teil der Insel, die nicht zu einem Resort gehören. Hier wird solide Thaiküche ohne besondere Schnörkel serviert. Spezialität des Hauses sind Seafood und Suppen mit Kokosmilch. *Tgl. | Straße 4170, direkt an der Abzweigung zum Samui Aquarium | Tel. 0 77 23 31 46 |* €

über Massagen bis zu Meditation und Yoga. Das Resort wurde um eine Höhle herumgebaut, in der einst buddhistische Mönche meditierten. Dieses Refugium

Auf Tuchfühlung mit einer Riesenschlange – Gelegenheit dazu gibt es in der Samui Snake Farm

kann heute noch besichtigt werden. Im Restaurant des Resorts können Sie eine der besten vegetarischen Küchen der Insel mit biologisch angebautem Salat und Gemüse genießen. Wie wäre es z. B. mit einem Bananenblütensalat oder einem feinem Tatar aus Roter Bete mit Papaya-Dressing? *76 Zi. | Laem Set | Tel. 0 77 42 98 00 | www.kamalaya.com |* €€€

ÜBERNACHTEN

CENTARA VILLAS SAMUI

Luxus, wohin man schaut. Ein Teil der Villen sind mit Jacuzzi und Schwimmbecken ausgestattet. Drei Pools im herrlichen Tropengarten. Das Resort ist in Hanglage gebaut, und das Management weist darauf hin, dass Gäste mit Gehschwierigkeiten hier nicht am richtigen Platz sind. Das Umweltbewusstsein der Mitarbeiter wird mit Schwerpunkt auf Energieeinsparung sowie Abfallvermeidung- und recycling in regelmäßigen Schulungen geschärft. *100 Zi. | Natien Beach | Tel. 0 77 42 40 20 | www.centarahotelsresorts.com |* €€€

KAMALAYA ★

In diesem Nobelresort (Hoteltrakt, Villen) urlaubt man nicht einfach – hier tut man etwas für seine körperliche, geistige und seelische Gesundheit. Das Angebot reicht von Detox und Fitnesstraining

SHASA RESORT & RESIDENCES

Elegantes, sich über über drei Gebäudekomplexe erstreckendes Apartmenthotel. Die edel gestylten Suiten besitzen eine Küche und bis zu drei Schlafzimmer. Drei Pools. Das Toprestaurant *Beyond the Sea* kreiert köstliche thailändische Gerichte und serviert australisches Wagyu-Rind. Hotelgäste können in Mietkajaks die malerische Küste entlangpaddeln. *32 Zi. | Laem Set | Tel. 0 77 91 38 88 | www.shasahotels.com |* €€€

BANG KAO BAY/THONG KRUT BAY

(127 D–F6) *(🕮 C–E14)* **Hier im tiefen Süden von Ko Samui, 13 km von Nathon entfernt, sind Touristen nicht nur eine Minderheit, sondern fast noch eine Rarität.**

Nur eine Handvoll Anlagen verteilen sich entlang der Südküsten. Und nur ein einziges Resort gehört zur gehobenen Kategorie. Das wird wohl auch so bleiben, denn kilometerlange Sandstrände fehlen hier. Nur an einigen Stellen können diese Buchten mit sandigen Streifen aufwarten, ansonsten ist der Strand steinig bis schlammig. Um in den Buchten von Bang Kao und Thong Krut mobil zu sein, müssen Sie ein Moped oder Auto über die Resorts mieten. Öffentliche Verkehrsmittel verkehren im tiefen Süden von Ko Samui nicht.

SEHENSWERTES

ANTIKES TEAKHOLZHAUS

Das Dorf Ban Tale an der Straße 4170 ist nur eine Ansammlung von wenigen Häusern. Eines davon ist jedoch bemerkenswert: Es wurde vor rund 150 Jahren ohne einen einzigen Nagel aus Teakholz gebaut und ist angeblich das älteste Haus auf Ko Samui.

INSIDER TIPP LAEM SOR CHEDI

Die gelb getünchte Pagode steht auf dem gleichnamigen Kap am südlichsten Zipfel von Ko Samui direkt am Meer und gehört zum Kloster Laem Sor nebenan. Der felsige Strand hier ist nicht zum Schwimmen geeignet, aber ein feines Fleckchen, um die Stille zu hören und dem Rauschen der Wellen zu lauschen. Touristen verirren sich nur selten hierher, trotzdem wartet die Besitzerin eines Souvenirstands geduldig auf Kundschaft. *An einer Stichstraße von der Straße 4170*

SAMUI SNAKE FARM

In einer kleinen, überdachten Arena zeigen junge Burschen, dass sie weder Angst vor dem Gift der Kobras noch vor dem Würgegriff der Pythons haben. Auch Skorpione fassen die jungen Männer furchtlos an. Wer sich traut, darf selbst spüren, wie es sich anfühlt, wenn sich ein Python an den Hals schmiegt. Die Farm kann auch besichtigt werden, aber allein der Blick in Käfige und Terrarien lohnt die Anreise nicht. Wenn Sie während der Wartezeit bis zur nächsten Show Ihre Energiereserven auffüllen wollen: Auf der anderen Straßenseite warten ein paar Essensstände auf Kunden. *Show tgl. stdl. zwischen 11 und 17 Uhr, Farm tgl. 7–18 Uhr | Eintritt Show 300 Baht, Farm 150 Baht | im Südwesten an der Straße 4170, gegenüber der*

MARCO POLO HIGHLIGHTS

★ **Butterfly Garden**
Wo die schillernd bunten Flatterer handzahm sind → S. 57

★ **Kamalaya**
Luxuriöse Wellnessoase, in der einst buddhistische Mönche meditierten → S. 58

★ **Ko Tan**
Ein Inselchen, auf dem die Zeit stehen geblieben ist → S. 60

★ **Samui Baan Taling Ngam Resort**
Edles Refugium in Hanglage mit sieben Pools → S. 62

Abzweigung nach Ban Phang Ka | www.samuisnakefarm.com

ESSEN & TRINKEN

In *Ban Thong Krut* speisen Sie billig in den Strandlokalen *Koh Tan Cuisine (€)* und *Koh Tan View (€)*. In *La Pailotte (Do–Di 11.30–21.30 Uhr | €€)* gibt es französische Küche. Alle drei liegen nahe beieinander an der Hauptstraße. Auf den INSIDER TIPP Terrassen mit Meerblick sitzen Sie besonders angenehm.

EINKAUFEN

Das Notwendigste gibt es in den Tante-Emma-Läden in Ban Tale, Ban Thong Krut, Ban Thong Tanote.

FREIZEIT & SPORT

T. K. Tours (Tel. 077334052 | www.tktoursamui.com) im T. K. Restaurant in Ban Thong Krut veranstaltet sechsstündige ● Ausflüge mit traditionellen Longtailbooten *(1300–1700 Baht pro Person)* zu den Inseln Ko Tan und Ko Matsum, die ein Toprefugium für Schnorchler und Kajakfahrer sind. Die Teilnehmer werden von ihren Resorts abgeholt.

ÜBERNACHTEN

CENTARA COCONUT

Das beste Resort der Südküste. Aus der ehemals schlichten Anlage ist ein Edelresort mit Luxusvillen, zwei Pools und einem Spa geworden. *55 Zi. | Thang Tanote Beach | Tel. 077270670 | www.centarahotelsresorts.com | €€€*

JINTA BEACH BUNGALOW

Ideal zum Ausspannen und Auftanken, denn Ruhe ist in diesem Resort der größte Luxus. Die Bungalows sind einfach, aber sauber (Ventilator oder Klimaanlage, zum Teil mit TV, Kühlschrank). Kleiner Pool, Kajakverleih. Wenig Schatten. *10 Zi. | Tel. 0898742805 | www.jintasamui.com | €*

ZIEL IN DER UMGEBUNG

KO TAN ★ (0) *(B–C 15–17)*

Eine Fischersiedlung, Palmenhaine, Dschungel – diese kleine Insel liegt zwar nur 3 km entfernt vor der Südküste Ko Samuis, aber sie ist eine Welt für sich. Wer in einen der einfachen Bungalows zieht, zahlt nur um die 500 Baht. Auskunft über Unterkunft und Bootstransfer bei *T. K. Tours (www.tktoursamui.com).*

SCHATTENWELT

Die Vorstellungen des kunstvollen Spiels mit Licht und Schatten finden meist im Freien auf Festen und Jahrmärkten nach Sonnenuntergang statt. Der Puppenspieler hockt hinter einer weißen Leinwand, die von einer Glühbirne angestrahlt wird. Er bewegt die Puppen vor dem Licht, wirft so ihre Schatten auf die Leinwand und erzählt Geschichten von Liebe und Heldentum, von Gut und Böse. Touristen interessieren sich eher für die filigranen Puppen, die aus Büffelhaut geschnitten sind. Viele Shops bieten diese Kunstwerke an. Und vielleicht sorgt ja der Tourismus dafür, dass zumindest die Puppen überdauern, falls doch mal der letzte Vorhang für das *nang thalung* fallen sollte.

TALING NGAM BEACH

(126 C3–4) (*B13*) **Dieser Strand an der unteren Westküste der Insel ist zwar stellenweise kaum breiter als ein Badetuch, aber feinsandig und zweifellos der schönste auf dieser Seite Ko Samuis.** Das grüne Hinterland mit dem verschlafenen Dörfchen Ban Taling Ngam ist auch heute noch fast so ursprünglich, wie es vor der Ankunft der ersten Touristen war.

Schmal, aber feinsandig, ursprünglich und einfach wunderschön: der Taling Ngam Beach

SEHENSWERTES

WAT KIRI WONGKARAM

Auch in diesem Dorftempel wird der mumifizierte Körper eines hoch verehrten Mönchs (*Loung Pho Poo Perm*, gest. 1976) aufbewahrt. Wie jener Mönch, dessen Mumie im Kloster Khunaram *(siehe S. 55)* zu sehen ist, hatte auch er seinen Todestag vorausgesagt. Da Wat Kiri Wongkaram aber ziemlich abgelegen ist, wird es weit weniger besucht als Khunaram. Das Kloster liegt in Ban Taling Ngam. Biegen Sie von der 4170 nach links durch das Elefantentor am Dorfeingang ab. Nach ca. 1 km sehen Sie den Tempel auf der rechten Seite.

ESSEN & TRINKEN

INSIDER TIPP THE VIRGIN COAST

Ein erlesenes Schmuckstück ist dieses elegante Open-Air-Restaurant unterm Palmlaubdach. Genießen Sie feinste Thaigerichte und den Blick auf fünf vorgelagerte, unbewohnte Inselchen. *Tgl. | Five Island Beach | Abzweigung ca. 800 m nach Wat Kiri Wongkaram | Tel. 0 77 27 06 89 | www.thevirgincoastsamui.com* | €€–€€€

FREIZEIT & SPORT

Das *Samui Baan Taling Ngam Resort* bietet alle Arten von Wassersport an. Im *Am Samui Resort* können Sie Angel- und

Schnorcheltouren buchen sowie Mountainbikes ausleihen.
Die *Five Islands* sind fünf unbewohnte Inselchen vor der Westküste. Eine INSIDER TIPP Tour vor- oder nachmittags mit dem Longtailboot (Bade- und Schnorchelsachen nicht vergessen!) und danach ein Schlemmeressen offeriert das Toprestaurant *The Virgin Coast (www.thevirgincoastsamui.com)* ab 7500 Baht (für zwei Personen).

ÜBERNACHTEN

INSIDER TIPP AM SAMUI RESORT
Eine Oase der Ruhe direkt am Strand. Freundliches Personal, Massagen mit Meerblick. Roller- und Autovermietung. Die Bungalows sind mit Aircon, TV, Minibar ausgestattet. Pool. *20 Zi. | Taling Ngam Beach | Tel. 077235165 | www.amsamuiresort.com |* €€

SAMUI BAAN TALING NGAM RESORT ★
Vom Strand zieht sich dieses Spitzenresort eine grüne Bergflanke hoch – eine architektonische Meisterleistung, die sich harmonisch in die Natur einfügt. Zimmer und Villen mit traumhaftem Ausblick aufs Meer und allem Luxus. Sieben Pools, Spa, Fitnesscenter, zwei Tennisplätze. *89 Zi. | Taling Ngam Beach | Tel. 077429100 | short.travel/ksm4 |* €€€

LOW BUDG€T

Die Zimmer im *Win Hotel* sind äußerst schlicht, aber mit Aircon und TV für gerade mal 480 Baht zu haben. *33 Zi. | Chonvitee Rd., 200 m zum Pier | Nathon | Tel. 077421500*

Alles für den täglichen Bedarf und Souvenirs finden Sie nicht nur an den Stränden. Viele Einheimische kommen zum Shoppen in den Inselhauptort Nathon, weil dort alles billiger ist als in den Touristenbezirken.

Für 99 Baht so viel essen, wie Sie wollen? Das gibt es: in einem Grillrestaurant, wo Sie Ihr eigener Koch mit Tischgrill sind. Das Lokal ist nur in Thai-Schrift beschildert, achten Sie auf die „99" im Namen. *Ecke Thaweerat Phakdee/Chonvitee Rd., nahe Grand Seaview Hotel | Nathon*

SANTI BAY

(122 B4–6) (*B10–11*) **5 km Strandeinsamkeit zwischen dem Kap Laem Chong Khram und dem geschäftigen Inselhauptort Nathon.**
Die Santi Bay (auf manchen Karten als *Ao Laem Din* oder *Chong Khram Bay* verzeichnet) hat einen akzeptablen Strand (Lipa Noi Beach oder auch Thong Yang Beach genannt). Das Wasser ist jedoch bei Ebbe sehr flach. Aber dafür können Sie hier auch während der Monsunzeit ohne Gefahr baden gehen.

ÜBERNACHTEN

LIPA LODGE RESORT
Ein Boutiqueresort zum Verlieben. Die Bungalows im Tropengarten sind mit Palmlaub gedeckt, teilweise mit Bambusmatten verkleidet, aber innen elegant, komfortabel und geräumig mit Aircon, TV, DVD-Player, Kühlschrank. Der Pool liegt ganz vorne am fast schneeweißen Sandstrand. Ein perfektes Plätzchen für Ruhebedürftige. *15 Zi. | Ban Lipa Noi | Lipa Noi Beach | Tel. 077485617 | www.lipalodgeresort.com |* €€–€€€

RAJAPRUEK SAMUI RESORT

Angenehme, geräumige Zimmer mit Klimaanlage, Kühlschrank, TV in einem zweistöckigen Hotelgebäude oder in Strandbungalows. Gutes Preis-Leistungs-Verhältnis, insbesondere für die Westküste, wo günstige Unterkünfte rar sind. Das Resort bietet seinen Gästen neben einer schönen Gartenanlage und zwei Pools auch die Möglichkeit, ● kostenlos Kajaks auszuleihen. Falls Sie sich hier verlieben, können Sie auch gleich heiraten – das Resort arrangiert die Trauzeremonie. *67 Zi. | Ban Lipa Noi | Lipa Noi Beach | Tel. 0 77 48 57 80 | www.rajaprueksamuiresort.com* | €€–€€€

ZIEL IN DER UMGEBUNG

HIN-LAT-WASSERFALL

(123 D5) (*🕮 C10*)

In der Trockenzeit nur ein Rinnsal, aber in der Monsunzeit und kurz danach stürzt über die Felsen genug Wasser in die Tiefe, um sogar einen natürlichen Swimmingpool zu füllen. Die Straße 4172 kreuzt ca. 2 km südlich von Nathon die Ringstraße Richtung Meer, sie führt zum Immigration Office und zum Samui Hospital, landeinwärts bis zum Wasserfall, zum Kloster Hin Lat und einem Camp für Elefantentrekking.

Auch wenn ihre Boote im Hafen von Nathon liegen, haben die Fischer alle Hände voll zu tun

NATHON

KARTE AUF S. 64

(122 C4) (*🕮 B9*) **Der Inselhauptort (6000 Ew.) ist tagsüber eine lebhafte Kleinstadt.**

An den Piers legen die Fähren vom Festland an, entladen Fischer ihren Fang. In den Lokalen sitzen Touristen, an der Hauptgeschäftsstraße Thaweerat Phakdee Road (auch Nathon Road genannt) kaufen die Einheimischen all das, was sie in ihren Dörfern nicht bekommen. Nach Sonnenuntergang, wenn die Fremden an ihren Stränden, die Einheimischen

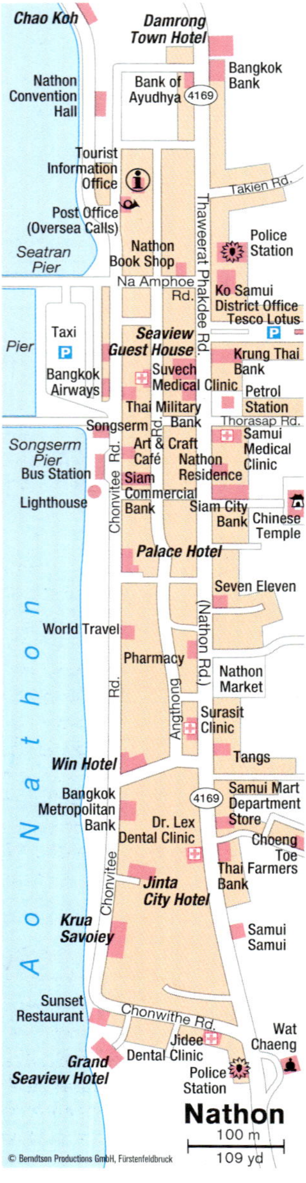

wieder in ihren Dörfern sind, schaltet Nathon ein paar Gänge zurück und klappt die Gehsteige hoch. Sehenswürdigkeiten dürfen Sie hier nicht erwarten. Und in nur einer Stunde haben Sie den ganzen Ort gesehen. Das alte Nathon mit seinen verwitterten Holzhäusern stemmt sich nur noch in der *Angthong Road* gegen die neue Zeit mit ihren Betonbauten. Kaum ein Tourist übernachtet in Nathon. Aber wer sich erst mal in Ruhe die Strände anschauen will, findet hier preiswerte Hotels als Standquartier.

ESSEN & TRINKEN

Es gibt in Nathon keine Gourmettempel, dafür aber eine Reihe von preiswerten Lokalen mit einheimischer Küche. Lecker zubereitete thailändische Hausmannskost und Kaffee gibt's im *Mumthong (tgl. | €)* an der Ecke Amphoe Rd./Padki Tawat. Gegenüber serviert das kleine, gemütliche Restaurant **INSIDER TIPP** *The Corner (tgl. | €)* Mango mit Klebreis – eine süße Spezialität, die Sie unbedingt einmal probieren sollten. Und daneben versorgt *Max Murphy's Irish Pub (tgl. | €€)* seine Gäste mit Bieren von der grünen Insel sowie Fish & Chips, Hamburgern und weiteren Snacks. Thaiküche mit Blick aufs Meer im Garten des ● *Sunset Restaurant (tgl. | Chonvitee Rd., beim Grand Seview Resotel | €€)*. Besonders schön abends, wenn sich die Lichter vom Pier im Wasser spiegeln. Im chinesischen **INSIDER TIPP** *Chong Toe (Di–So 8–ca. 15 Uhr | Seitengasse zwischen Samui Mart Department Store und Thai Farmes Bank | €)* wird vegetarisch gekocht. Unbedingt empfehlenswert ist die täglich frisch zubereitete Nudelsuppe. Thailändische und westliche Gerichte und einen ordentlichen Kaffee mit Blick auf Meer und Pier gibt es täglich im *Coffee Island (Chonvitee Rd.)*.

In Nathon gibt es viele Gelegenheiten, seinen Hunger in einer Garküche zu stillen

EINKAUFEN

Haupteinkaufsstraße ist die *Thaweerat Phakdee Road* mit vielen Geschäften und Souvenirshops. Das größte Shoppingcenter ist der *Samui Mart Department Store,* der allerdings eher einem Tante-Emma-Laden auf zwei Stockwerken ähnelt. Größter Supermarkt im Ort ist *Tesco Lotus*. Gebrauchte Bücher, auch in deutscher Sprache, im *Nathon Book Shop (Na Amphoe Rd.)*.

ÜBERNACHTEN

GRAND SEAVIEW RESOTEL

Das beste Haus in Nathon. Große Zimmer mit Aircondition, TV, Kühlschrank. Pool. Ausgezeichnetes Preis-Leistungs-Verhältnis. Direkt am Meer gelegen. Das dazugehörende Gartenrestaurant ist ein feines Plätzchen, um den Sonnenuntergang zu genießen. *59 Zi. | Chonvitee Rd. | Tel. 0 77 42 14 81 | www.grandseaviewbeachresotel.com | €–€€*

JINTA CITY HOTEL

Einfache Zimmer, aber mit Aircon, TV, Kühlschrank. Zur Anlage gehören ein Internetcafé und ein kleiner Pool. *43 Zi. | Chonvitee Rd. | Tel. 0 77 42 06 30 | www.jintasamui.com | €*

INSIDER TIPP NATHON RESIDENCE

Freundliches und sauberes Haus mitten im Zentrum. Zimmer mit Klimaanlage, TV, teilweise mit Kühlschrank. Sehr gutes Preis-Leistungs-Verhältnis. *26 Zi. | 152 Thaweerat Phakdee Rd. | Tel. 0 77 23 60 81 | nathon-res@windowslive.com | €*

AUSKUNFT

TOURISM AUTHORITY OF THAILAND (TAT)

Broschüren privater Anbieter und Infos auch über andere Reiseziele in Thailand. *Tgl. 8.30–12 und 13–16.30 Uhr | Chonvitee Rd., Seitengasse hinter dem Post Office | Tel. 0 77 42 05 04*

KO PHANGAN SÜD- UND OSTKÜSTE

Es hat lange gedauert, aber seit ein paar Jahren boomt auch Samuis wilde Nachbarinsel Phangan. Die Straße von Thong Sala bis zum Kap von Hat Rin ist gesäumt von Shops und Kneipen.
Stichstraßen führen zum Meer und zu ein paar Dutzend Resorts. Aber keine Sorge, ein Rummelplatz sind die Strände von Ban Tai und Ban Khai trotzdem nicht. Es gibt kein großes Hotel hier, es sind alles Bungalowanlagen, die sich unter Palmen ducken und zwischen sich und dem Nachbarn genügend Platz lassen. Eng wird es nur am Hat Rin. Aber danach, die ganze Ostküste hoch, zeigt sich Ko Phangan wieder von seiner wilden Seite. Über steile Bergflanken wuchert der Dschungel bis hinunter an die Felsklippen und kleine Buchten. Die Strände werden im Folgenden ab Thong Sala der Süd- und dann der Ostküste folgend gegen den Uhrzeigersinn vorgestellt.

THONG SALA

(130 B4–5) (*🕮 D5*) **Eine breite Hauptstraße, ein paar Seitengassen: Im 2000-Einwohner-Ort und Fährhafen finden Sie Reisebüros, Kneipen, Shops – aber keinen Schneider.**
Was für eine thailändische Touristenecke so ungewöhnlich ist wie das Oktoberfest ohne Bier, doch auf Ko Phangan trägt man Tattoos, keine Anzüge. Fast alle Touristen ziehen nach der Ankunft an einem der drei Piers an die Strände. Belebt ist Thong Sala nur tagsüber.

Bild: Vollmondparty am Hat Rin

Am berühmten Partybeach von Hat Rin und an Buchten zwischen Meer und Dschungel fühlen sich vor allem jüngere Urlauber wohl

ESSEN & TRINKEN

A's Coffeeshop (tgl. | Taladkao Rd., Seitenstraße bei der Krung Thai Bank | €–€€) serviert Internationales wie griechischen Salat und Currywurst. Im INSIDER TIPP *Sweet Café (tgl. | Leabchaitalay Rd. (Strandstraße, gegenüber Lomprahaya Pier) | www.sweetcafephangan.com | €–€€)* gibt's selbst gebackenes Brot und das größte Frühstücksmenü der Insel. Thai-Food und Snacks auf dem täglichen Nachtmarkt *(ab 16 Uhr)* im Zentrum.

EINKAUFEN

Entlang der Hauptstraße und der Seitengassen viele Läden und einige Souvenirshops. Wer mal wieder Lust auf Wurst und Käse hat, wird im *Tesco Lotus* fündig, dem größten Supermarkt der Insel.

FREIZEIT & SPORT

Des Schmucks eigener Schmied – wie's geht, können Sie in der Silberschmiede *Workshop Silver (Hauptstraße | Tel.*

08 90 34 60 36 | www.workshopsilverkohphangan.com) lernen. Kurse von einem bis drei Tage. Der Eintageskurs kostet 1500 Baht inklusive fünf Gramm Silber.

ÜBERNACHTEN

B52 BEACH RESORT

Modernes, stilvolles Resort am Strand unweit des Stadtzentrums. Der Einsatz von Naturmaterialien und der balinesische Stil lassen viel Atmosphäre aufkommen. *23 Zi. | ca. 700 m östl. des Hafens | Tel. 0 77 37 79 27 | www.b52resort.com |* €€–€€€

DA KANDA VILLA BEACH RESORT

Gut ausgestattete Zimmer im Haupthaus sowie in (teureren) Villen am Pool und am Strand; alle recht geräumig. In fünf Fußwegminuten ist die Stadt erreicht. *52 Zi. | ca. 600 m östl. des Hafens | Tel. 0 77 23 89 66 | www.dakandaresort.com |* €€

BAN TAI BEACH/BAN KHAI BEACH

(130–131 C–D5) (*🕮 E–F 5–6*) **Die Küste südlich von Thong Sala gliedert sich auf ca. 6 km in sanft geschwungene, palmengesäumte Buchten.**

An ihr ist alles verwertbar – die Kokospalme ist eine Nutzpflanze par excellence

Das Meer an den gelbsandigen Stränden ist hier sehr flach, aber das Wasser ist sauber. Allenfalls ein vorbeiknatterndes Fischerboot stört hin und wieder die Ruhe: ideale Strände, um lange Spaziergänge zu unternehmen oder endlich mal all die Bücher zu lesen, für die man bisher nie Zeit hatte. Und wenn Sie Lust auf Trubel haben – die Partyszene vom Hat Rin ist nur wenige Kilometer entfernt. Eine touristische Infrastruktur gibt es entlang der Hauptstraße, von der Pisten zu den Resorts führen.

SEHENSWERTES

WAT NAI

An der Straße, die von Ban Tai landeinwärts nach Ban Nok führt, erhebt sich nach ca. fünf Minuten Fahrt diese kleine Pagode. Sie soll vor mehreren hundert Jahren erbaut worden sein und ist das älteste Bauwerk der Insel. Den Sockel der Pagode zieren Dämonenskulpturen.

ESSEN & TRINKEN

Wenn Sie nicht nur in den Resort-Restaurants essen wollen, finden Sie entlang der Hauptstraße eine ganze Reihe von kleinen Lokalen. Mehrere auf Seafood spezialisierte Lokale reihen sich am Pier von Ban Tai aneinander. Im *Fisherman's (tgl. | Tel. 08 44 54 72 40 | €–€€)* können Sie den Cocktail zum Sonnenuntergang und die Krebse in rotem Curry danach sogar INSIDER TIPP in einem Longtailboot genießen, das am Strand liegt.

EINKAUFEN

Im *Psy Shop (Ban Tai | Eingang My Palace Guesthouse)* gibt's funky T-Shirts in schrillen Farben. INSIDER TIPP *Mr. Moon's Hammock Lovers Gallery (Ban Tai | kurz nach Abzweigung zum Wat Khao Tahm)* führt Hängematten, die vom Mlabri-Stamm hergestellt werden. Die Mlabri *(mlabri.org)* sind einstige Waldnomaden, von denen heute nur noch einige Hundert in Nordthailand leben.

FREIZEIT & SPORT

WAT KHAO TAHM

Dieses Kloster in den Bergen beim Dorf Ban Tai ist die berühmteste Meditationsstätte auf Ko Phangan. Die intensiven Kurse in Vipassana-Meditation werden vom 10. bis zum 20. jeden Monats abgehalten. Keine Tagesbesucher. *nunamornpunkohphangan.com*

WAT PHO

Ins Kloster zum Saunieren? Das Kloster in Ban Tai (an der Straße nach Thong Nai Pan) macht's möglich. Für Männer und Frauen – allerdings in getrennten INSIDER TIPP Kräutersaunen. Draußen auf dem Klostergelände viel Grün zum Chillen und Abkühlen. *Tgl. 14–19 Uhr | 50 Baht, eine zusätzliche Spende wird gern genommen*

ÜBERNACHTEN

INSIDER TIPP DEW SHORE BUNGALOW

Gepflegte Anlage, bestens geführt von einer einheimischen Familie. Wohnliche Bungalows mit Aircon, TV, Kühlschrank. Pool. Im Restaurant wird Wert gelegt auf frischeste Zutaten, die zum Teil aus dem eigenen Garten stammen. *23 Zi. |*

MARCO POLO HIGHLIGHTS

★ **Sarikantang**
Zauberhaftes Resort an einem Bilderbuchstrand → S. 73

★ **Fahrt von Ban Khai nach Hat Tien**
Die Fahrt auf einer abenteuerlichen Route führt mitten durch den Dschungel → S. 73

★ **The Sanctuary**
In diesem Resort am abgelegenen Hat Tien kommen Geist und Körper zur Ruhe → S. 74

★ **Hat Thong Nai Pan Yai/ Pan Noi**
Zwei Buchten ohne Partys – perfekt für Ruhesuchende und Familien → S. 74

Ban Tai Beach | Tel. 0 77 23 81 28 | www.dewshore.com | €€–€€€

PHANGAN BEACH RESORT

Hängematten unter Palmen am Strand, Dreieckskissen auf den Veranden – in diesem angenehmen Resort lässt es sich gemütlich abhängen. Bungalows aus Holz oder gemauert in unterschiedlichster Ausstattung, mit Klimaanlage, TV, Kühlschrank oder schlicht mit Ventilator *(€)*. Auch der Pool lädt zum Relaxen ein. *25 Zi. | Ban Tai Beach | Tel. 0 77 23 88 09 | www.phanganbeachresort.com | €€*

INSIDER TIPP PHANGAN RAINBOW

Einfache, aber hübsch gebaute Holzbungalows mit Klimaanlage oder Ventilator in einer schön begrünten Anlage mit familiärer Atmosphäre. Gutes Preis-Leistungs-Verhältnis. *25 Zi. | Ban Khai Beach | Tel. 0 77 23 82 36 | www.rainbowbungalows.com | €–€€*

HAT RIN

(131 E–F6) *(🕮 F–G6)* **Als Schauplatz der legendären Vollmondpartys hat der *Hat (Strand) Rin* bei den Ravern in aller Welt längst Kultstatus erreicht (12 km von Thong Sala).**

Der *Hat Rin West* auf der westlichen Seite des *Laem (Kap) Hat Rin* ist nur am unteren Zipfel *(Leela Beach)* ein Sahnestückchen. Weiter oben beim Pier ist er schmal, steinig, zum Schwimmen nicht geeignet. Dafür ist der *Hat Rin East* ein erstklassiger, breiter Strand, eingerahmt von grünen Hügeln. Er ist auch der Schauplatz der Vollmondpartys. Auf beiden Seiten des Kaps ist der Rin Beach aber keine Oase der Ruhe. Alles ist sehr eng bebaut, bunt zusammengewürfelt und sieht aus wie Wildwest in Fernost. Thailand ist hier ganz weit weg. Aber wer an den Rin Beach zieht, tut dies ja auch nicht wegen Land und Leuten – der will einfach feiern und Spaß haben.

ESSEN & TRINKEN

Jede Menge Lokale, die so ziemlich alles von israelisch über mexikanisch und italienisch bis Thai auftischen. Es gibt hier keine Sterne-Restaurants, aber einige Restaurants in den teureren Resorts bieten gehobene Küche an. Typischer sind

TÄTOWIERUNGEN

Tätowierungen sind in Thailand keine Modeerscheinung. Hier sind Tattoos Schutzschilde gegen die Widrigkeiten des Lebens. Besonders auf dem Land geht vielen die Kunst des Tätowierens noch immer unter die Haut. Wer die schmerzhafte Prozedur aushält, beweist, dass er vom Jüngling zum Mann gereift ist. Die traditionellen Tätowierungen haben einen halbreligiösen Charakter und werden meist von Mönchen ausgeführt. Während die Nadel in die Haut sticht, rezitiert ein buddhistischer Priester Beschwörungsformeln. Sie sollen den Tätowierungen magische Kräfte verleihen. Mit der reinen Lehre hat dies allerdings nichts zu tun. Es ist vielmehr ein Beweis dafür, dass der Buddhismus in Thailand durchwoben ist von animistischem Aberglauben. Heute lassen sich auch in Thailand immer mehr junge Frauen Tattoos stechen.

allerdings Läden wie *Mamas Schnitzel (Hat Rin East | €)*: Hier werden hungrige Partyfreaks aus aller Welt rund um die Uhr mit Burgern, Baguettes und allerlei Schnitzelvariationen versorgt. Rin-Veteran *Mr. Raju* aus Nepal serviert im *Om Ganesh (tgl. | Hat Rin West | €)* leckere indische und vegetarische Küche in Fernfahrerportionen. In *Niras Bakery (tgl. 24 Std. | Hat Rin East, an der Straße nahe der Schule | €)* bekommen Sie belegte Baguettes und gebackene Kartoffeln mit Joghurtdressing.

Essen, trinken, chillen: Am Hat Rin gibt's dafür unzählige Möglichkeiten

EINKAUFEN

Das Angebot ist am Hat Rin sogar größer als im Inselhauptort Thong Sala. In den Shops hängen Tangas, schräge Klamotten und Muschelkettchen. Eben all das, was es braucht, damit sich auch brave Büroangestellte für ein paar Wochen als Freaks verkleiden können. Dazu die üblichen Souvenirs von gefälschten Uhren bis zu bemalten Papierschirmen und alles für den täglichen Bedarf.

AM ABEND

Einmal im Monat, wenn der Mond rund wie ein Pfannkuchen am Himmel steht, tanzt der Bär auf dem östlichen Strand von Hat Rin. Viele Raver reisen aus allen Teilen der Welt extra für die *Full Moon Party* an. Es begann als kleine Lagerfeuerparty in den 1980er-Jahren. Und zwar vor den *Paradise Bungalows*, wo immer noch das Party-Epizentrum ist. Aber inzwischen wird der ganze Beach aus Lautsprechertürmen beschallt. Mit so ziemlich jeder Musikrichtung von Drum 'n' Bass über Techno und Trance – und sogar scheibchenweise Rock. Je nach Saison raven schon mal 30 000 und mehr Partyfreaks auf dem 600 m langen Beach bis zum Sonnenaufgang. Unter ihnen auch immer Polizisten in Zivil, die Augen und Nase nach Drogen offen halten.

Nehmen Sie auf keinen Fall Gepäck oder Wertsachen mit zur Party. Und feste Schuhe können auch nicht schaden. Viele Partygänger hauen sich die Promille zwar aus Plastikeimern rein, aber trotzdem liegen Glasscherben im Sand. Viel gefährlicher sind jedoch die Mopedfahrer, die sich zugedröhnt auf den Heimweg machen. Nach der Party kommt es auf der kurvigen Straße vom Hat Rin Richtung Thong Sala oft zu Unfällen.
Wenn der Mond voll ist, pendeln öffentliche *songthaeo (Pick-ups)* die ganze Nacht über zwischen Hat Rin und Thong Sala. Auf Ko Samui bieten Reisebüros Trips inklusive Unterkunft zur Vollmondparty an *(www.fullmoonpartypackage.com)*.
Aber egal, welche Mondphase – am Hat Rin wird immer irgendwo gefeiert. Zum Beispiel in Beachbars wie dem *Vinyl Club*, der *Zoom Bar* oder dem *Cactus Club*. Angesagte Nightspots zwischen den Stränden sind der *Backyard Club* mit seinen After-Partys und die *Outback Bar*, die für Rin-Verhältnisse allein schon deswegen bemerkenswert ist, weil hier kein Trance-Sound dröhnt. Im *Reggae House* können Sie in der Hängematte chillen.

ÜBERNACHTEN

Generell sind die Resorts am unattraktiven Hat Rin West günstiger als auf der anderen Seite. Allerdings gilt überall, dass sich die Preise zur Vollmondparty deutlich erhöhen. Und das nicht nur am Hat Rin. Bis hoch nach Thong Sala und weiter nördlich sind die Resorts oft schon Wochen vorher ausgebucht. Viele Resorts vermieten zur Partyzeit ihre Zimmer zudem nur bei einer Mindestverweildauer von drei oder vier Tagen.

PHANGAN BAYSHORE RESORT

Die weitläufigste und gediegenste Anlage am Rin East. Wiese mit großem

Jede Menge Shops, Lokale, Resorts: Der Hat Rin ist die Tourismushochburg auf Ko Phangan

Pool zwischen den dreistöckigen Hoteltrakten. Komfortable Zimmer. Wer zur Vollmondparty anreist, muss sogar schon eine Woche vorher einchecken. *89 Zi. | Tel. 077375224 | www.phanganbayshore.com* | €€–€€€

RIN BAY VIEW

Zimmer mit Ventilator oder Klimaanlage (auch TV, Minibar) in Bungalows oder zweistöckigem Gebäude. Diese sind wie überall am Rin West ziemlich eng, aber mit kleinem Garten davor, und vom Meer weht eine angenehme Brise durch die Fenster. *20 Zi. | Rin West | Tel. 077375188* | €–€€

SARIKANTANG ★

Traumhaft schöne Anlage an einem Strand wie gemalt: Büsche und Bäume wachsen aus weißem Sand. Bei Mama Pum können Sie sich wohl und wie zu Hause fühlen. Bungalows in verschiedener Ausstattung von luxuriös bis einfach, aber alle mit Klimaanlage, TV, Minibar. Pool, Spa, Gym. Obwohl der Partystrand nur ca. sieben Fußminuten entfernt ist, finden Sie hier eine andere Welt vor. *53 Zi. | Leela Beach | Tel. 077375057 | www.sarikantang.com* | €€–€€€

HAT TIEN/ HAT SADET

(131 F3–5) (*🗺 H3–5*) ● **Diese beiden herrlichen Buchten sind vom Rest der Insel und der Welt durch hohe Bergflanken abgeschirmt.**

Einsamer und naturnaher können Sie nirgendwo auf Ko Phangan wohnen. Die Strände werden aber zunehmend von Tagestouristen entdeckt, die vom Hat Rin mit Longtailbooten übersetzen. Der Bootsverkehr ist aber vor allem im November und Dezember nur eingeschränkt oder gar nicht möglich. Dann bleibt (falls es nicht zu stark regnet) nur die Tour durch den Bergdschungel auf abenteuerlichen Strecken. Ganz besonders die halbstündige ★ *Fahrt von Ban Khai nach Hat Tien* ist für Naturfreunde ein absolutes Highlight. Wie auf einer Achterbahn geht es durch ursprünglichen Dschungel mit gigantisch hohen Bäumen. Einfach zu fahren ist ist die Zehn-Minuten-Tour bis Hat Sadet (gerechnet ab Abzweigung von der Straße Ban Tai nach Thong Nai Pan).

SEHENSWERTES

INSIDER TIPP THAN-SADET-WASSERFÄLLE

Ein idyllischer Bach windet sich entlang der Straße durch den Dschungel. In der Regenzeit stürzt er an drei Stellen über riesige Findlinge talwärts. Von der Schönheit des Sadet-Flüsschens waren schon Majestäten angetan. König Chulalongkorn kam zwischen 1888 und 1909 zehnmal. König Bhumibol erfreute sich 1962 hier an der herrlichen Natur.

FREIZEIT & SPORT

Dienstags ab 20.30 Uhr baut das ● *Resort Sanctuary* am Hat Tien eine Leinwand auf und zeigt Filme der anspruchsvolleren Kategorie. Das Resort vermietet auch Kajaks.

ÜBERNACHTEN

Beide Buchten sind nicht ans öffentliche Stromnetz angeschlossen. Strom liefern Generatoren meist nur bis Mitternacht, allein im Resort *Sanctuary* rund um die Uhr. Klären Sie vorher ab, ob die Resorts (vor allem die kleineren) in der Hauptregenzeit (November/Dezember) offen sind.

INSIDER TIPP **BEAM BUNGALOW**
Am Hang mit Blick auf eine weite Palmenwiese und die Bucht, mit Bambusmatten verkleidete Palmlaubdachbungalows; Dusche, Ventilator. *40 Zi. | Hat Tien | Buchung nur bei persönlichem Erscheinen* | €

LOW BUDGET

Island Books in Thong Sala hat auch gebrauchte deutsche Bücher in seinen Regalen stehen. *Taladmai Rd. (Hauptstraße, Ortszentrum bei der Thai Military Bank)*

Satt für kleines Geld werden Sie von morgens früh bis spät in die Nacht (bei Vollmond auch bis Sonnenaufgang) in der Open-Air-Kneipe *Chicken Corner* am Hat Rin East *(Abzweigung von Strandstraße nach Hat Rin West)*.

Am Hat Tien kann man für 300 Baht bei *Love Lips* und im *Family Shop* wohnen. Allerdings muss man persönlich vorbeischauen: keine Vorbuchungen!

Lecker und preiswert essen Sie auf dem *Nachtmarkt* im Zentrum des Inselhauptorts Thong Sala, z. B. gebratene Nudeln *(pad thai)* ab 40 Baht. *Tgl. ab 17 Uhr*

Einfache, aber schöne Hütten aus Holz und Bambus mit Balkon, bequemen Betten und Moskitonetz bietet das *Phangan River Sand Resort (20 Zi. | Ban Tai, nahe der Abzweigung zum Wat Khao Tahm, zwischen Straße und Strand | Tel. 08 14 76 01 65)* schon für 500 Baht.

MAI PEN RAI BUNGALOWS
Rustikale Unterkünfte, aber mit eigener Dusche und Ventilator. *43 Zi. | Hat Sadet | Tel. 0 77 44 50 90, 08 18 94 50 76 | www.thansadet.com* | €

INSIDER TIPP **PLAA THANSADET RESORT**
Wohnen auf den Klippen: Die rustikalen Bungalows mit Dusche und Ventilator sind hoch über dem Meer zwischen mächtige Felsen gepfählt und durch steile Pfade miteinander verbunden. Chillige Atmosphäre und im Restaurant eine tolle Aussicht über die Bucht. *12 Zi. | Hat Sadet | Tel. 08 83 83 12 68 | www.plaa-thansadetresort.com* | €

THE SANCTUARY ★
Zwischen Dschungel und Meer am Hang bietet dieses Resort Entspannung für Körper und Seele. Unterkünfte von klimatisierten Suiten bis zum Schlafsaalbett für 200 Baht. Fastenkurse, Yoga, Heilmassagen, Meditation. Ausgezeichnetes Restaurant, Spa, iPad-Verleih. Ganzjährig geöffnet. *60 Zi. | Hat Tien | Tel. 08 12 71 36 14, 08 18 99 22 69 | www.thesanctuarythailand.com* | €–€€€

HAT THONG NAI PAN YAI/ PAN NOI

(131 E2) *(G–H2)* ★ **Die Straße durch die Berge (18 km bis Thong Sala) ist noch fast durchgehend Piste, aber an den Stränden wird kräftig gebaut.**
Hüttensiedlungen müssen Resorts der gehobenen Klasse weichen. Trotzdem sind die beiden Bilderbuchbuchten kein Rummelplatz. Im Dorf Thong Nai Pan geht's immer noch gemütlich zu, aber

touristische Infrastruktur von Internetcafé über Souvenirshop bis Reisebüro finden Sie inzwischen.

ESSEN & TRINKEN

Im *Rasta Baby (tgl. | Thong Nai Pan Yai | €)* gibt es neben Wiener Schnitzel auch den Taco Bob Marley und Rasta-Burger, im Restaurant INSIDER TIPP *Luna (tgl. ab 19 Uhr | Thong Nai Pan Noi | luna-restaurant-phangan.com | €–€€)* sogar gehobene Küche, z. B. Entenbrust mit Orangen-Ingwer-Sauce.

EINKAUFEN

Alles für den täglichen Bedarf, von Lebensmitteln bis zum T-Shirt, führen die Läden am Thong Nai Pan Noi.

ÜBERNACHTEN

CENTRAL COTTAGE

Der Oldtimer unter den Thong-Nai-Pan-Resorts bietet noch Ventilatorbungalows, aber auch klimatisierte Komfortbungalows und Zimmer im Hoteltrakt mit TV und Kühlschrank. Pool, Internetcafé. *50 Zi. | Thong Nai Pan Yai | Tel. 0 77 44 51 28 | www.centralcottage.com | €–€€€*

Fast wie in alten Travellerzeiten: ein Aufenthalt im Central Cottage

INSIDER TIPP DOLPHIN

Holzbungalows mit Dusche, Aircondition oder Ventilator in einem üppig wuchernden Tropengarten. Die Bungalows haben zwar keinen Meerblick, dafür gibt es am Strand eine rustikale Bar und kleine Pavillons mit Dreieckskissen zum Relaxen. *26 Zi. | Thong Nai Pan Yai | Buchung nur bei persönlichem Erscheinen | €–€€*

SANTHIYA RESORT & SPA

Das luxuriöseste Resort der ganzen Insel. Die Edelvillen verteilen sich über ein grünes Kap, aus einem künstlichen Wasserfall stürzt das erfrischende Nass in Richtung Swimmingpool. *101 Zi. | Thong Nai Pan Noi | Tel. 0 77 42 89 99 | www.santhiya.com | €€€*

THONGTAPAN RESORT

Einfache Bungalows mit Ventilator oder Klimaanlage in Hanglage zwischen viel Grün. Gutes Restaurant *(€–€€)* vorne am Beach mit abendlichem Barbecue. *30 Zi. | Thong Nai Pan Noi | Tel. 0 77 23 85 38 | www.thongtapan.com | €–€€*

KO PHANGAN WEST- UND NORDKÜSTE

Die Westküstenstrände nördlich von Thong Sala lassen auf den ersten Blick keine Urlaubslaune aufkommen. Aus dem Uferschlamm sprießen Mangroven und an manchen Stellen liegen mehr Kieselsteine als Sand.

Aber dazwischen gibt es immer wieder feinsandige Buchten, und je weiter Sie die Küste hochfahren, umso mehr freut sich das Auge. Am Hat Yao (Long Beach) haben Sie wieder die Farbkombination, aus der Strandträume gemacht sind: leuchtend blaues Wasser, blendend weißer Sand und grüne Palmen. Nur ein paar winzige Dörfer liegen an der Westküste. Im Vergleich dazu ist der einzige Ort der Nordküste, das Fischerdorf Chalok Lam, fast eine Kleinstadt. Abseits der gleichnamigen Bucht ist der Norden von Ko Phangan geprägt von einer felsigen Steilküste. Aber auch hier finden Sie am Hat Khuat (Bottle Beach) einen herrlichen Palmenstrand. Außerhalb von Chalok Lam gibt es an der Nordküste keine Shops, aber alles für den täglichen Bedarf können Sie am Bottle Beach kaufen. Die Strände werden im Folgenden ab Thong Sala im Uhrzeigersinn vorgestellt.

NAI WOK BAY/WOK TUM BAY

(130 B3–4) (*🕮 C–D 3–4*) **Die malerische Bucht von Nai Wok erreichen Sie**

Bild: Sandbank zwischen Mae Hat Bay und Ko Ma

Strände mit Robinsonfeeling: Wo Bungalows am Berghang kleben und so mancher Urlauber am liebsten Wurzeln schlagen möchte

von Thong Sala in gerade mal einem viertelstündigen Spaziergang.
Einige nette Resorts säumen den Sandstrand. Wer hier wohnt, schätzt die Nähe zum Inselhauptort, die Ruhe und das familiäre Ambiente der kleinen Anlagen. Auch in der Bucht von Wok Tum geht es ruhig zu Hause.

ESSEN & TRINKEN

Außerhalb der Resorts gibt es nur einige einfache Lokale entlang der Hauptstraße.

EINKAUFEN

Lebensmittelläden und ein paar Shops gibt es in Ban Nai Wok und Ban Wok Tum.

ÜBERNACHTEN

PHANGAN BUNGALOW
Unter Palmen auf grüner Wiese stehen einfache Pfahlhütten mit Dusche und Ventilator. Außerdem zwei größere Bungalows mit Klimaanlage, Kühlschrank. *25 Zi. | Nai Wok Bay | Tel. 0 77 37 71 91* | €–€€

SEA SCENE
Am nördlichen Ende der Bucht stehen in einer schönen Gartenanlage acht ordentliche Bungalows mit Ventilator, Dusche und elf Häuschen mit Aircondition und Kühlschrank. *Wok Tum Bay (Ao Play Laem) | Tel. 0 77 37 75 16 | www.seascene.com* | €–€€

will, kann in den Minisee *Laemson* beim Dörfchen *Ban Sri Thanu* eintauchen.

ESSEN & TRINKEN

Entlang der Straße hinter den Stränden liegen kleine Touristendörfer mit einfachen Lokalen.

Als längster Strand Ko Phangans wird der Hat Yao auch Long Beach genannt

SRI THANU BEACH/CHAO PAO BEACH

(130 A2–3) (*🕮 C2–3*) **Die Bucht von Sri Thanu etwa 7 km nordwestlich von Thong Sala und der Chao Pao Beach sind durch eine Landzunge getrennt.** Die Strände sind hier sandig, aber stellenweise wachsen Mangroven im Uferschlick. Vor allem bei Ebbe kann das Wasser sehr flach werden. Wer zur Abwechslung in Süßwasser schwimmen

ÜBERNACHTEN

INSIDER TIPP BLUE OCEAN GARDEN
Eine Anlage zum Verlieben: mit wunderschönem Garten in besonders idyllischer Strandlage. Wohnliche Bungalows, alle mit Klimaanlage, teilweise auch mit TV und Minibar. Am Strand ein Massagepavillon. Gutes Restaurant *(Dolce Vita | €€)* mit Thaiküche und Spaghetti. *13 Zi. | Chao Pao Beach | Tel. 08 70 86 26 97 | www.blueoceangarden.com* | €€–€€€

NICE SEA RESORT
Einfache Bungalows mit Dusche und Ventilator oder Aircon. Die besseren

sind auch mit TV und Kühlschrank ausgestattet. *16 Zi. | Sri Thanu Beach | Tel. 0 77 34 91 77 | natiwut@thai.com | €–€€*

HAT YAO

(130 A2) (*C2*) ★ **An diesem 8 km von Thong Sala entfernten Palmenstrand ist alles makellos. Das Wasser ist auch bei Ebbe tief genug zum Schwimmen, das vorgelagerte Korallenriff lädt zum Schnorcheln ein.**
Der Strand (auch *Long Beach* genannt) ist mit ca. 1 km der längste und schönste Badestrand auf Ko Phangan. Am meistentwickelten Strand der Westküste gibt es kaum mehr Billigbungalows.

ESSEN & TRINKEN

An der Straße finden Sie mehrere einfache Restaurants und Bars.

INSIDER TIPP PEPPERCORN

Der örtliche Feinschmeckertempel unter deutscher Leitung lockt auch Gäste an, die an anderen Stränden wohnen. Hanni und Friddi bringen importierte Steaks und Schnecken in Weißweinsauce ebenso auf den Tisch wie leckere vegetarische Gerichte. Der köstliche Mangokuchen wird selbst gebacken, und selbst auf Apfelkuchen mit Schlagsahne können Sie sich hier freuen. *Mo–Sa ab 14 Uhr | auf dem Hügel zwischen Hat Yao und Hat Salad | Tel. 08 78 96 43 63 | www.restaurantpeppercorn.com | €–€€€*

EINKAUFEN

In kleinen Shops gibt es Souvenirs und Dinge für den täglichen Bedarf. Zwei größere Supermärkte und ein Laden mit gebrauchten Büchern am Eingang des Bay View Resort am Nordende des Strands.

FREIZEIT & SPORT

In der Bucht mit ihrem klaren Wasser gibt es ein schönes Riff zum Schnorcheln. Kajaks und Surfbretter können Sie am Strand mieten. Entspannung für Körper und Seele bietet ● *The Yoga Retreat (Tel. 0 77 37 43 10 | www.yogaretreat-kohphangan.com)* an der Straße nördlich vom Hat Yao *(tgl. 9–10.30 und 16–17.30 Uhr | 300 Baht)*. Auch mehrtägige Kurse, für deren Dauer Sie in einfachen Bungalows unterkommen.

ÜBERNACHTEN

HAAD SON RESORT

Große, komfortable Zimmer in Bungalows und im Hoteltrakt. In Hanglage oder am Meer in einer kleinen Bucht (Hat Son) auf dem Kap am südlichen Ende des Hat Yao. Die Anlage verfügt auch über einen Swimmingpool. *57 Zi. | Hat Son | Tel. 0 77 34 91 03 | www.haadson.net | €€–€€€*

MARCO POLO HIGHLIGHTS

★ **Hat Yao**
Der schönste Badestrand auf Ko Phangan mit kornblumenblauem Wasser → S. 79

★ **Ko Ma**
Inselwinzling, den Sie bei Ebbe zu Fuß erreichen → S. 80

★ **Kuan-Yin-Tempel**
Ein chinesischer Tempel mit grandiosem Ausblick auf Palmenwald und Meer in der Chalok Lam Bay → S. 81

★ **Hat Khuat**
Am Robinsonbeach finden Sie jetzt auch Komfort → S. 83

HAAD YAO BAY VIEW RESORT

Die einstige schlichte Travellerherberge in Hanglage ist nun das größte Resort am Hat Yao. Es lockt mit toller Aussicht und komfortablen bis luxuriösen Zimmern im Hoteltrakt und in Bungalows, die teils über einen eigenen Jacuzzi verfügen. Pool, Spa. *99 Zi. | Hat Yao | Tel. 0 77 34 91 93 | www.haadyao-bayviewresort.com | €€–€€€*

LONG BAY RESORT

Gepflegte Anlage mit Pool und Park direkt am schneeweißen Strand. Klimatisierte Bungalows, die teureren mit TV und Kühlschrank. Um die Vollmondparty fünf Tage Mindestaufenthalt. *32 Zi. | Hat Yao | Tel. 0 77 34 90 57 | www.longbay-resort.com | €€–€€€*

SHIRALEA

Nicht direkt am Strand, sondern im Hinterland stehen zwischen viel Grün und unter Palmen einfache, rustikale Bungalows, deren Dächer der schöneren Optik wegen zusätzlich mit Palmlaub gedeckt sind. Mit Klimaanlage oder Ventilator. Kleiner Pool. *30 Zi. | Hat Yao | Tel. 0 77 34 92 17 | www.shiralea.com | €–€€*

MAE HAT BAY

(130 B1) *(C–D1)* **Am Nordwestzipfel von Ko Phangan liegt diese Bucht mit feinstem Sand und türkisgrünem Wasser. Schönes Schnorchelrevier.**

Zum vorgelagerten Inselwinzling ★ *Ko Ma* mit seinen Korallenbänken können Sie auf einer Sandbank bei Ebbe hinüberwaten. Ein halbes Dutzend Resorts bietet hier einfache Bungalows an.

ÜBERNACHTEN

INSIDER TIPP **ISLAND VIEW CABANA**

Einfache Bungalows mit Ventilator oder Klimaanlage direkt am Strand. Großes Freiluftrestaurant *(€)* mit preiswerter Thaiküche, das auch gerne von Tagesausflüglern besucht wird. *47 Zi. | Hat Mae Hat | Tel. 0 77 37 41 72 | €–€€*

ROYAL ORCHID RESORT

Schön gelegen im Grünen mit Blick auf Ko Ma. Die Bungalows sind klimatisiert oder mit Ventilator, alle mit Dusche. Der flache Strandabschnitt hier eignet sich nicht zum Baden, zum Badestrand sind

FAMILIENBANDE

Zentraler Bestandteil der thailändischen Erziehung ist der Respekt der Kinder vor den Eltern. Das Gebot „Du sollst Vater und Mutter ehren" bedeutet aber für junge Thais nicht nur Gesten des Respekts. Kinder sehen es als ihre selbstverständliche Pflicht an, für ihre Eltern zu sorgen, wenn diese im Alter kein Einkommen mehr haben. In einem Land ohne allgemeine staatliche Rentenversicherung sind die Familienbande von enormer Bedeutung. Auch in Thailand kommt es immer häufiger vor, dass Ehen zerbrechen. Aber der Elternteil, der die Kinder großzieht, kann im Alter auf deren Fürsorge bauen. Und das nicht nur finanziell. Großfamilien sind auch heute noch üblich in Thailand. Für die meisten Thais ist es selbstverständlich, dass sie mit ihren Eltern bis zu deren Tod zusammen unter einem Dach leben.

es jedoch nur zwei Minuten. *30 Zi. | Hat Mae Hat | Tel. 0 77 37 41 82 | www.royal-orchid-resort-phangan.info* | €–€€

UTOPIA RESORT

Die Lage dieses Resorts hat einen Vor- und einen Nachteil: Ca. 100 m über dem Meer zwischen Mae Hat und Chalok Lam bietet es einen herrlichen Ausblick (und niemand kann in die zum Meer hin offene Außendusche hineinschauen), aber zum Strand müssen Sie knapp fünf Minuten fahren (kostenloser Transport). Bungalows gibt es in verschiedenen Größen und mit unterschiedlicher Ausstattung (alle mit Aircon, TV, Minibar, einige sogar mit eigenem Jacuzzi auf dem Balkon). Pool; kostenloses Surfen im Internetcafé. Selbst wenn Sie nicht hier wohnen, sollten Sie INSIDER TIPP vom Restaurant aus die Aussicht genießen. Das Utopia Resort ist auch ein angenehmer Zwischenstopp bei einer Tour über die Insel. *34 Zi. | Tel. 0 77 37 70 34 | www.phanganutopia.com* | €€–€€€

CHALOK LAM BAY

(130 C1) (*E1*) **Im Zentrum der von Palmen gesäumten Bucht liegt der Fischerort Chalok Lam (11 km nach Thong Sala).**

Naturerlebnis unter Wasser: Die Mae Hat Bay bietet ein schönes Riff zum Schnorcheln

Mit ca. 1000 Ew. die zweitgrößte Siedlung der Insel, aber trotzdem nur ein Zwei-Straßen-Dorf. Ein halbes Dutzend Resorts hat sich angesiedelt. Aber für die meisten Touristen ist Chalok Lam nur Zwischenstation auf dem Weg zum Hat Khuat (ca. 15 Minuten mit dem Longtailboot).

SEHENSWERTES

KUAN-YIN-TEMPEL ★

Ein Tempel im chinesischen Stil mit weißen Mauern, glänzend orangeroten Dachziegeln, verzierten Giebeln und bunten Drachenreliefs an roten Säulen. Geweiht ist er der Göttin der Gnade (Kuan

Der chinesische Kuan-Yin-Tempel ist der Göttin der Gnade geweiht

Yin), die sowohl von Taoisten wie Buddhisten verehrt wird. Eine wunderschöne Oase der Ruhe an einer grünen Bergflanke. Von hier haben Sie eine herrliche Aussicht über dicht bewachsene Hügel bis aufs Meer. *3 km südlich von Chalok Lam an der Straße nach Thong Sala*

ESSEN & TRINKEN

Einige einfache Lokale an der Dorfstraße oder am Strand servieren klassische Thaigerichte. Die INSIDER TIPP beste Pizza der Insel gibt's Do und So („Pizzatag") ab 19 Uhr in der *Cucina Italiana (tgl. | an der Hafenstraße | €€).*

EINKAUFEN

in Chalok Lam können Sie sich in mehreren kleinen Läden und einem 7-Eleven-Supermarkt versorgen.

FREIZEIT & SPORT

An der Hauptstraße, ca. 300 m vor Chalok Lam, betreiben der Hamburger Tom und seine Frau Jo den ● *First Bow & Arrow Club (tgl. 9–18 Uhr | 500 Baht pro Std.)*. Hier können Sie nicht nur mit Pfeil und Bogen schießen, sondern in geschlossenen Tanks mit konzentriertem Salzwasser Schwerelosigkeit erleben und dabei meditieren *(800 Baht für 45 Min. | nach Voranmeldung: Tel. 0 77 37 43 15 | www.firstbow.info)*.

Wakeboarding ist eine Mischung aus Wasserski, Wellenreiten und Schanzenspringen. Eine 15-minütige Session bei *Wake Up Wakeboarding (Chalok Lam | Tel. 08 72 83 67 55 | www.wakeupwakeboarding.com)* kostet 1200 Baht. Nach dem Tanz auf den Wellen können Sie abends in der *Bar Wake Up!* abtanzen.

ÜBERNACHTEN

CHALOKLUM BAY RESORT

Eine grüne Oase am flachen westlichen Ende der Bucht. Bei Ebbe müssen Sie weit hinauswaten. Alle Bungalows mit Aircon, TV, Minibar und Meerblick, Pool. *40 Zi. | Chalok Lam Bay | Tel. 077374147 | www.chaloklumbay.com* | €€–€€€

INSIDER TIPP MANDALAI
Cooles Design in Weiß prägt dieses Boutiquehotel in der Mitte der Bucht beim Pier. Edle Zimmer mit allem Komfort, bis hin zum Flachbildschirm und DVD-Player. Suiten mit Jacuzzi. Kleiner Pool. *12 Zi. | Chalok Lam Bay | Tel. 077374316 | www.mandalaihotel.com* | €€–€€€

HAT KHUAT

(131 D1) (*F1*) ★ Khuat heißt „Flasche", und deswegen wird dieser palmengesäumte Sandstrand auch *Bottle Beach* genannt.

Flankiert von Felsenkaps und grünen Hügeln, ist der Strand mit gerade mal vier Resorts ein Refugium für Leute, die nicht der Partys wegen nach Phangan kommen. Wo früher die Freaks unter sich waren, finden sich heute allerdings auch Komforttouristen ein.

FREIZEIT & SPORT

Am Strand werden Kajaks vermietet. Die Gäste der einzelnen Resorts treffen sich am späten Nachmittag gern zum Beachvolleyball.

ÜBERNACHTEN

In der Hauptregenzeit November/Dezember sind die Resorts eventuell geschlossen. Hohe Wellen machen die Anfahrt mit dem Boot schwierig bis unmöglich. Und die Anfahrt auf der Piste von Thong Nai Pan zum Hat Khuat ist dann selbst für Allradfahrzeuge kaum zu bewältigen.

BOTTLE BEACH 1 RESORT
Das erste der früheren drei *Bottle Beach Resorts* hat sich gemausert. Zwar sind die Bungalows immer noch einfach, aber die meisten sind mit Klimaanlage ausgestattet. Zum etwa halben Preis können Sie die Aircon-Bungalows auch nur mit Ventilator buchen. *25 Zi. | Hat Khuat | Tel. 077445151 | www.bottlebeach1resort.com* | €–€€

HAAD KHUAD RESORT
Das frühere *Bottle Beach III* ist das nobelste Haus am Platz. Bungalows mit Ventilator gibt es zwar noch, aber im Hotelgebäude warten 15 schöne Zimmer mit Aircondition, Minibar, TV, DVD-Player auf Gäste. *27 Zi. | Hat Khuat | Tel. 077445153 | www.haadkhuadresort.com* | €–€€

LOW BUDG€T

Wenn Sie in einem Reisebüro nach Wagen mit Fahrer fragen, kontaktieren diese oft Ein-Mann-Taxi-Unternehmen – und berechnen noch Provision. Direkt ist es billiger. Fragen Sie an der Rezeption Ihres Hotels oder verhandeln Sie direkt mit einem der Fahrer am Pier in Thong Sala.

Sie wünschen sich einen Bungalow mit Ventilator und Dusche direkt am Strand ab 500 Baht? Dann sind Sie im *Maehat View Resort (25 Zi. | Tel. 0878964424 | maehaadview@yahoo.com)* genau richtig.

Das Resort *Bottle Beach 2 (38 Zi. | Bottle Beach | Tel. 077445156)* hat noch einfache Unterkünfte wie aus der Hippiezeit ab 300 Baht.

ERLEBNISTOUREN

1 KO SAMUI UND KO PHANGAN PERFEKT IM ÜBERBLICK

START: ① Chaweng Beach
ZIEL: ① Chaweng Beach

2 Tage
reine Fahrzeit
7 Stunden

Strecke:
147 km

KOSTEN: Ca. 100 Euro pro Person für Fahrtkosten, Übernachtung, Verpflegung, Eintritte, Massage
MITNEHMEN: Badesachen, Schnorchelausrüstung, Reisepass (muss als Sicherheit bei der Mopedausleihe hinterlegt werden)

ACHTUNG: ① **Chaweng Beach:** Ihr Taxi, das Sie morgens abholt, sollten Sie schon am Vortag über die Rezeption Ihres Hotels bestellen (Fahrtkosten ca. 2000 Baht).
⑬ **Hat Rin:** Bei Vollmond Unterkunft unbedingt im Voraus buchen.

Jeder Zipfel dieser Erde hat seine eigene Schönheit. Wenn Sie Lust haben, die einzigartigen Besonderheiten dieser Region zu entdecken, wenn Sie tolle Tipps für lohnende Stopps, atemberaubende Orte, ausgewählte Restaurants oder typische Aktivitäten bekommen wollen, dann sind diese maßgeschneiderten Erlebnistouren genau das Richtige für Sie. Machen Sie sich auf den Weg und folgen Sie den Spuren der MARCO POLO Autoren – ganz bequem und mit der digitalen Routenführung, die Sie sich über den QR-Code auf S. 2/3 oder die URL in der Fußzeile zu jeder Tour downloaden können.

Erleben Sie die vielfältigen Facetten von Ko Samui und Ko Phangan – von kleinen Abstechern ans Meer und in den Dschungel über die Bekanntschaft mit einem mumifizierten Mönch bis zu einer der legendären Beachpartys.

TAG 1
1 Chaweng Beach
15 km

Start ist früh morgens am **1 Chaweng Beach → S. 46**, wo Sie den Tag in den Frühstückspavillons des Designhotels **Muang Kulay Pan → S. 49** mit einer leckeren thailändischen Reissuppe beginnen können. Im Taxi geht es kurvig **vom Chaweng aufwärts, die Flanke eines Bergs entlang,** mit spektakulären Ausblicken auf die Ostküste.

Bild: Straße in Chaweng

❷ Hin Ta & Hin Yai

2,5 km

❸ Hua Thanon

2,5 km

❹ Wat Khunaram

Hinter dem Lamai Beach → S. 52 warten Oma und Opa aus Stein: **❷ Hin Ta & Hin Yai → S. 52**. Kurz danach schwimmt Kunst auf dem Wasser. Im Fischerdorf **❸ Hua Thanon → S. 55** haben die Fischer ihre Boote bunt bemalt. Der Fang wird jeden Morgen auf dem Markt verkauft. Schlendern Sie kurz zwischen den Ständen entlang und sehen Sie, was das Meer hier zu bieten hat.

Weiter geht es auf der Ringstraße inseleinwärts. Nach knapp 2 km kommen Sie zum linker Hand liegenden **❹ Wat Khunaram → S. 55**, wo Sie dem 1973 verstorbenen Mönch Loung Pordaeng einen Besuch abstatten. Lassen Sie sich ein Glücksbändchen um das Handgelenk binden und nehmen Sie einen Segen mit – ganz wie die Thais. **Etwa 1 km weiter geht's rechts ab** in den Dschungel zum Wasserfall **5 Na Muang II → S. 55**, der 80 m in die Tiefe rauscht. Der natürliche Pool lädt zum Bad.

Zurück auf der Ringstraße geht es nach **6 Nathon → S. 63**. Achten Sie auf die alten Holzhäuser in der Angthong Road, und probieren Sie im Restaurant **The Corner → S. 64** den süßen Klebereis mit Mango. Aber verpassen Sie nicht die Fähre nach Ko Phangan! **Um 11.15 Uhr legt die „Lomprayah" in Nathon ab** und bringt Sie für 300 Baht in 30 Minuten auf Ko Samuis kleine Schwesterinsel.

Im Inselhauptort **7 Thong Sala → S. 66** mieten Sie ein Moped und fahren zwischen Meer und grünen Hügeln **die Westküste hoch** von Bucht zu Bucht. Am **8 Chao Pao Beach → S. 78** serviert das Restaurant **Blue Ocean Garden → S. 78** ausgezeichnete thailändische und mediterrane Küche, und am Strand können Sie sich massieren lassen. **Die Küstenstraße führt bis zum Hat Salad; dort geht es rechts den Berg hoch und oben links ab Richtung Norden. Nach einigen Kilometern, kurz hinter dem Elefantencamp, geht es links ab zur 9 Mae Hat Bay → S. 80**. Hier lockt bei Ebbe ein Spaziergang **auf der Sandbank** zum Inselwinzling **10 Ko Ma → S. 80**. Die Bucht ist außerdem eines der besten Schnorchelreviere der Region! Die vordere Riffkante erreichen Sie INSIDER TIPP durch einen Kanal, der etwa in der Mitte des Strands vor der Tauchbasis durch die Korallen führt.

Zurück nach Thong Sala fahren Sie über das Fischerdorf Chalok Lam → S. 81, indem Sie an der Kreuzung, wo Sie die Straße zur Mae Hat genommen haben, links abbiegen. Am Ortsausgang können Sie eine Pause einlegen und im **11 First Bow & Arrow Club → S. 82** Bogenschießen üben. Einen schönen Blick auf das Dorf und die Bucht haben Sie **etwa 2 km weiter** vom chinesischen **12 Kuan-Yin-Tempel → S. 81** aus, in dem die Göttin der Gnade verehrt wird. Von dort aus geht es **auf der gleichen Straße in 20 Minuten zurück** in die Hauptstadt der Insel.

Nun geben Sie das Moped wieder ab und steigen in eines der Sammeltaxis in den Süden der Insel **(an der Hauptstraße etwa 100 m vom Pier)**, denn Ko Phangan ohne **13 Hat Rin → S. 70** ist wie Paris ohne Eiffelturm. Den Strand muss man gesehen haben, auch wenn nicht Vollmond ist, denn

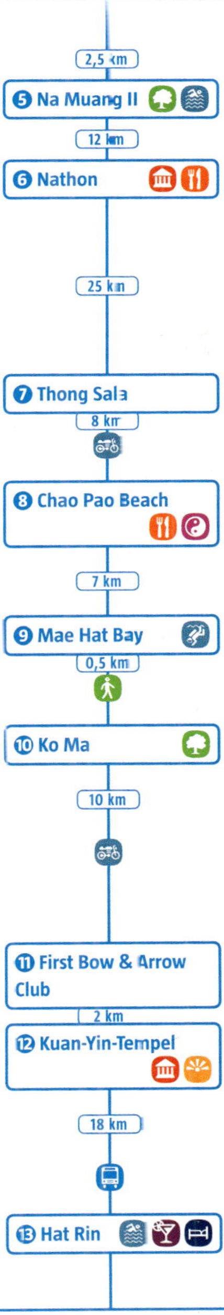

TAG 2
4 km
⑭ Hat Yuan
19 km
⑮ Big Buddha Beach
10 km
⑯ Mae Nam Beach
6 km
⑰ Bo Phut
8 km
① Chaweng Beach

irgendwo ist immer Party. Suchen Sie sich eine Unterkunft → S. 72 – und feiern Sie mit!

Am nächsten Morgen besteigen Sie am Strand ein Longtailboot und machen einen Abstecher zum benachbarten ⑭ **Hat Yuan (15 Min. Fahrt), von wo aus Sie zu Fuß in knapp 10 Minuten** das Yoga-Refugium **The Sanctuary → S. 74** aufsuchen und die letzten Spuren der Partynacht beim INSIDER TIPP morgendlichen Yoga *(tgl. 10.30 Uhr | 350 Baht)* aus Ihrem Körper treiben können. Aber machen Sie sich beizeiten auf den Rückweg: **Um 12.30 Uhr legt am Sunset Beach am Hat Rin Ihre Fähre nach Ko Samui ab!**

Diese bringt Sie in 45 Minuten an den ⑮ **Big Buddha Beach → S. 39**. Hier thront der Namensgeber des Strands würdevoll auf einem Hügel. Entzünden Sie als kleines Dankeschön für die vergangenen Erlebnisse ein paar Räucherstäbchen zu Füßen der großen Buddhastatue.

Die nächsten Etappen bestreiten Sie per Sammeltaxi. Die Nordküste ist Revier für Strandwanderer. Am 6 km langen ⑯ **Mae Nam Beach → S. 34** können Sie sich die Beine vertreten, ohne dabei über Liegestühle zu stolpern. Zeit, noch einmal die Badesachen auszupacken. Anschließend sollten Sie im Dorf ⑰ **Bo Phut → S. 36** haltmachen; hier ist das **Fisherman's Village → S. 36** einen Besuch wert. Hippe Cafés, Restaurants und Boutiquehotels reihen sich aneinander. Gönnen Sie sich einen Cappuccino auf dem INSIDER TIPP Meerblickbalkon des **Starfish & Coffee → S. 37**. Zurück zum ① **Chaweng Beach** ist es dann nur noch ein Katzensprung.

2 KO SAMUI: DER STILLE SÜDEN

START: ① **Hua Thanon**
ZIEL: ⑪ **Wat Kiri Wongkaram**

Strecke:
24 km

5 Stunden
reine Fahrzeit
1 Stunde

KOSTEN: Ca. 60 Euro pro Person für Jeepmiete, Verpflegung, Eintritte
MITNEHMEN: Badesachen, Kleidungsstück oder Tuch, das die Schultern bedeckt (für den Tempelbesuch), Sonnenschutz

ACHTUNG: Sie benötigen unbedingt ein Auto mit Vierradantrieb. Alternativ können Sie die Tour auch mit einem Moped zurücklegen.

Einsame Strände, nur wenige Resorts und kleine Dörfer, in denen die Zeit stillzustehen scheint – der Süden von Ko Samui ist immer noch sehr ursprünglich. In einem Tag können Sie diese Region bequem und ganz ohne Hektik erkunden.

09:30 Der Ausflug beginnt **südlich vom Lamai Beach → S. 52** beim Fischerdorf **1 Hua Thanon → S. 55**. Hier können Sie die bunt bemalten Boote der muslimischen Fischer bestaunen – falls sie nicht gerade zum Fang ausgelaufen sind. **Am Dorfrand, kurz nachdem die Inselrundstraße die 90-Grad-Kurve nach rechts gemacht hat, zweigt die Straße 4170 ab. Nach ca. 2 km stoßen Sie linker Hand auf das 2 Baanlamon Restaurant → S. 57**, wo Sie als Zwischenmahlzeit eine leckere Hühnersuppe mit Kokosnussmilch serviert bekommen. **Die Abzweigung nach links** bringt Sie zum **3 Samui Aquarium → S. 103** und weiter zum **4 Butterfly Garden → S. 57**. Um alle Fische und Schmetterlinge zu sehen, sollten Sie ruhig zwei Stunden einplanen.

12:00 Mittag essen können Sie **kurz hinter dem Butterfly Garden** im Restaurant **5 Beyond the Sea → S. 58** des Shasa Resort, das z. B. australisches Lamm mit rotem Curry oder Samui-Lobster mit Basilikum und Chili serviert. **Folgen Sie dann der Straße weiter; nach ein paar hundert Metern, vorbei am Kamalaya-Resort, mündet die Seiten-**

1 Hua Thanon
2 km
2 Baanlamon Restaurant
0,5 km
3 Samui Aquarium
1 km
4 Butterfly Garden
1 km
5 Beyond the Sea
6 km

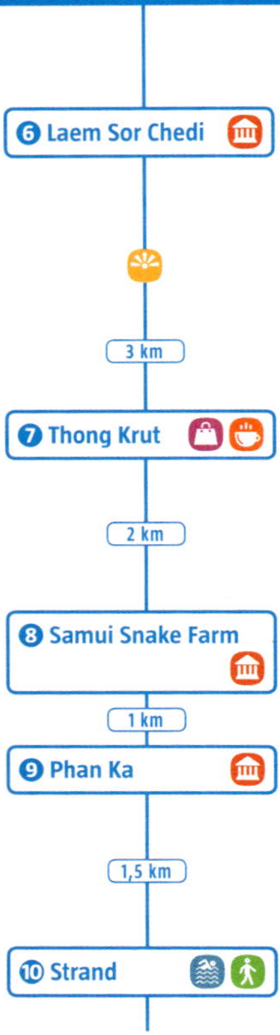

straße wieder in die 4170. Hinter dem Dörfchen Ban Tale an der Kreuzung mit der 4173 geht es nach links und die Küste entlang zur Pagode **❻ Laem Sor Chedi → S. 59** direkt am Meer. **An Abzweigungen entscheiden Sie sich immer für die Meerseite.** Die pittoreske Strecke verläuft am Ende sogar **über eine Sandpiste.** Das gelbe Bauwerk des Chedi und das Blau des Wassers bilden einen schönen Kontrast – ideal für einen Fotostopp. **Auf dem Rückweg folgen Sie der Straße, die vom Meer wegführt, und kommen so nach ca. 1 km wieder auf die 4170. Hier biegen Sie erneut links ab, und nach einem weiteren Kilometer** fahren Sie ins Dorf **❼ Thong Krut**, wo Sie im **Naga Pearl Shop → S. 30** die schimmernden Kostbarkeiten bestaunen und natürlich auch kaufen können. Gegenüber bekommen Sie in von einem französischen Pärchen geführten **La Paillotte → S. 60** einen guten Kaffee.

Nach knapp 2 km liegt die **❽ Samui Snake Farm → S. 59 direkt an der 4170 bei der Abzweigung ins Dorf Phan Ka.** Die Shows starten regulär zu jeder vollen Stunde, aber für zwischendurch kommende Gäste wird auch mal eine Extravorstellung eingeschoben. In **❾ Phan Ka** können Sie noch alte Holzhäuser auf Pfählen sehen, aber auch einige moderne Villen von betuchten Insulanern, die sich in dieser Oase der Ruhe angesiedelt haben. **Knapp 1 km südlich des Dorfs** säumen die Resorts Jinta Beach Bungalow → S. 60 und Centara Coconut → S. 60 einen meist menschenleeren **❿ Strand**. Wie wär's mit einem Bad im Meer? Und einer kleinen Barfußwanderung im Sand?

Wahrzeichen zu Ehren Buddhas am Kap Laem Sor Chedi: die gleichnamige Pagode

16:30 Phan Ka liegt ebenso im touristischen Abseits wie **3 km weiter nördlich das Dorf Taling Ngam.** Wenn Sie **dort von der 4170 nach links abbiegen** und durch den von Elefantenstatuen flankierten Dorfeingang fahren, **kommen Sie nach ca. 1 km zum ⑪ Wat Kiri Wongkaram → S. 61**. Das Kloster selbst ist nicht sonderlich bemerkenswert, aber es beherbergt den mumifizierten Leichnam eines 1976 verstorbenen Mönchs, dem auch heute noch magische Kräfte nachgesagt werden. Gläubige verzieren den gläsernen Schrein mit Blattgold und bringen Opfergaben dar. Der wenig besuchte Ort hat viel Atmosphäre und eignet sich gut zum Innehalten und Verschnaufen, bevor Sie sich auf den Heimweg machen.

6 km

⑪ Wat Kiri Wongkaram

3 KO SAMUI: HINAUF IN DIE BERGE

START: ① Ringstraße 4170 (bei Hua Thanon)
ZIEL: ⑥ Paradise Park Farm

Strecke: 15 km

7 Stunden
reine Fahrzeit
45 Minuten

KOSTEN: Ca. 40 Euro pro Person für Leihwagen, Verpflegung, Eintritte
MITNEHMEN: Badesachen, Sonnenschutz, festes Schuhwerk

ACHTUNG: ⑥ **Paradise Park Farm:** Planen Sie ausreichend Zeit ein, hier lässt sich leicht ein ganzer Tag verbringen.

Unterm grünen Dschungeldach der Inselmitte verbergen sich gewundene Straßen, die Sie zu Ausflugslokalen, Wasserfällen und Buddhafiguren führen. Und zu Tieren, die Sie sogar streicheln können.

10:00 Starten Sie von der ① **Ringstraße 4170 knapp 3 km westlich vom Dorf Hua Thanon → S. 55** im Süden der Insel. **Beim Werbeschild für den Samui ATV Park geht es rechts ab.** Den ersten Stopp sollten Sie schon beim ② **Wang-Sao-Wasserfall** einlegen. **Vom Parkplatz an der Straße** erreichen Sie diesen nach einer kurzen Wanderung. Er ergießt sich über mächtige Findlinge in einen natürlichen Pool, in den Sie sich reinsetzen können. Sein größerer Bruder, der ③ **Khao-Yai-Wasserfall**, lädt ebenfalls zum Baden und **wartet 1 km weiter** mit einer Fallhöhe von 50 m auf.

12:00 **Keine fünf Autominuten auf der Hauptstraße weiter geht's links ab zum ④ Giant Summit Restau-**

① Ringstraße 4170

5 km

② Wang-Sao-Wasserfall

1 km

③ Khao-Yai-Wasserfall

3 km

④ Giant Summit Restaurant

1,5 km

rant *(tgl. | Tel. 081 5 35 33 35 | €)*. Von dort haben Sie in 473 m Höhe bei angenehmen Temperaturen eine grandiose Sicht auf grüne Berghänge, die Südküste und vorgelagerte Inselchen. Setzen Sie sich auf die Terrasse, und lassen Sie sich einen eiskalten Kokos-Milchshake mixen. Oder eine würzige Garnelensuppe *(tom yam gung)* servieren.

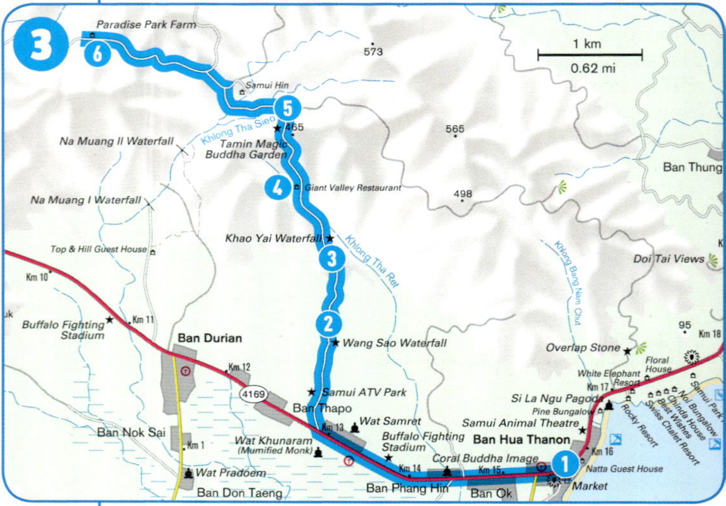

5 Tamin Magic Buddha Garden

Hinter dem Restaurant schlängelt sich die Straße weiter bergauf bis zum 5 ★ ● *Tamin Magic Buddha Garden (tgl. 9–18 Uhr | Eintritt 80 Baht)*. Er wird auf manchen Karten und in Broschüren auch „Secret Buddha Garden" genannt und geht zurück auf die Idee eines Obstbauern, der 1976 damit begonnen hatte, hier im Dschungel Buddhastatuen, Dämonen und Fabelwesen aus Beton aufzustellen. Der Bauer ist längst verstorben, die Statuen sind verwittert, aber der Platz mitten in diesem von Felsen durchsetzten Bergdschungel hat nichts von seinem magischen Zauber verloren. Die Figuren können Sie bei einem Spaziergang entlang eines klaren Bachs sehen.

1,5 km

6 Paradise Park Farm

Kurz hinter dem Buddha Garden biegt die Bergstraße nach links ab. Sie führt vorbei am höchsten Gipfel der Insel, dem 635 m hohen Khao Yai. **Kurz darauf folgt rechter Hand der Abzweig zur 6 Paradise Park Farm** → S. 103**; genau dort, wo die Fahrbahn breiter wird und**

der gelbe Mittelstreifen beginnt. Die Anlage ist so groß wie 25 Fußballfelder, eingerahmt von Dschungel und Bächen und lädt zu Spaziergängen ein. Überall grünt und blüht es, kleine Wasserfälle plätschern über Felsen und viele Tiere, die sich streicheln und füttern lassen, sind hier zu Hause: Ponys, Pfauen, Kaninchen, Enten und sogar zweisprachige (Englisch, Thai) Papageien. In einem Restaurant gibt's Speis und Trank, und in einem großen Swimmingpool können Sie sich abkühlen und dabei den Blick über Samuis grüne Berghänge bis weit hinaus aufs Meer schweifen lassen.

17:00 **Von der Farm geht es kurvenreich und teilweise steil abwärts auf die Ringstraße 4170 und von dort weiter Richtung Nathon (rechts) oder zurück Richtung Lamai/Chaweng (links).**

Begegnung mit einem Dämon im Tamin Magic Buddha Garden

4 KO PHANGAN: UNTERWEGS IM OSTEN

START: ① Ban Tai **ZIEL:** ⑧ Wat Pho	**1 Tag** reine Fahrzeit 3 Stunden
Strecke: **48 km**	

KOSTEN: Ca. 60 Euro pro Person für Taxi- und Bootsfahrt, Verpflegung, Sauna

MITNEHMEN: Badesachen, Sonnenschutz, großes Tuch oder Wickelrock für Saunabesuch

ACHTUNG: Bestellen Sie am Vortag über die Rezeption Ihres Hotels ein Taxi mit Englisch sprechendem Fahrer. Lassen Sie sich morgens in Ihrer Unterkunft abholen und sprechen Sie die Tour vorab in allen Einzelheiten mit dem Fahrer durch.

Die Ostküste Ko Phangans ist meist felsig mit nur wenigen kleinen Sandbuchten. Die gesamte Strecke am „wildesten" Küstenabschnitt der Insel ist zwar nicht allzu lang, aber da Sie sich an traumhaften Stränden entspannen und in einer Klostersauna schwitzen können, vergeht ein Tag wie im Flug.

Nicht mehr ganz unberührt, aber immer noch ein Idyll ist die Bucht von Thong Nai Pan Noi

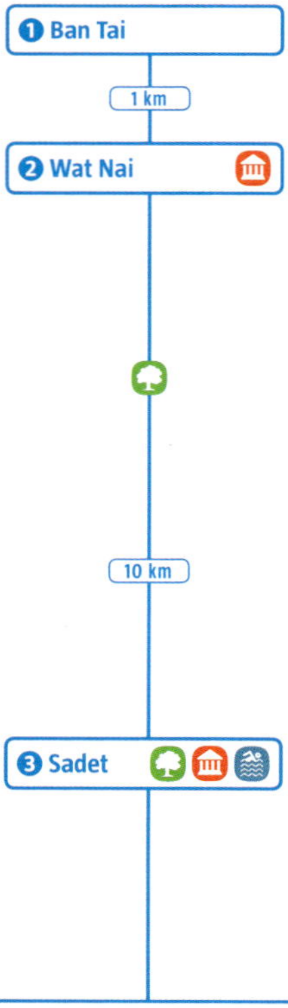

08:30 In 1 **Ban Tai → S. 69** an der Südküste **zweigt zwischen Thong Sala → S. 66 und Hat Rin → S. 70 die Straße nach Norden zu den Stränden von Thong Nai Pan ab. Schon kurz hinter dem Dorf** bietet sich ein Halt an, um der kleinen Pagode von 2 **Wat Nai → S. 69** einen Besuch abzustatten. **Nehmen Sie dazu den beschilderten Abzweig nach links; die Pagode liegt wenige hundert Meter etwas versteckt hinter einem großen Baum, um den die Straße eine Linkskurve macht. Zurück auf der Straße Richtung Thong Nai Pan** windet sich das graue Band durch den Dschungel, der wie eine grüne Wand entlang dieser wenig befahrenen Strecke steht. **Nach ca. 8 km beim Dorf Thong Nang** (nur ein paar Häuser) **ist rechts eine Straße zum Strand ausgeschildert.** Sie führt durch eine ausgewiesene Schutzzone, die 1983 eingerichtet und 1999 erweitert wurde. Zusammen mit weiteren Waldgebieten der Insel soll sie einmal zu einem Nationalpark erhoben werden.

Die einstmals unberührte Dschungellandschaft lockte sogar schon Monarchen an – und das bereits vor über 100 Jahren. Auch König Bhumibol spazierte schon am wildromantischen Flüsschen 3 **Sadet** mit seinen **Wasserfällen → S. 73** entlang. Findlinge mit königlichen Inschriften und ein kleiner Schrein erinnern an den hohen Besuch. Auf seinem Weg zum Meer gräbt sich der Than Sadet durch Felsgestein und bildet an mehreren Stellen Wasserfälle bzw. Stromschnellen (ausgeschildert). In den Pools können Sie zwar nicht schwimmen, aber ein erfrischendes Bad nehmen. Und keine Angst, falls Sie irgendwo ein „Krokodil" wahrnehmen sollten. Das betreffende Tier sieht auf den ersten Blick zwar so aus, ist aber ein harmloser Waran. **Zugänge zum Wasserfall finden Sie entlang der ca. 3 km langen Straße. Vom letzten, am unteren Ende, sind es nur ein paar Meter zu Fuß.** Die Straße endet in der **④ Bucht von Sadet** mit einem tollen Sandstrand und ein paar einfachen Resorts, wie den **Mai Pen Rai Bungalows → S. 74**. Dort können Sie sich mit einem kühlen Bier oder dem Saft einer Kokosnuss erfrischen.

12:00 **Zurück auf der Hauptstraße geht es weiter Richtung Norden** bis zum Doppelstrand von **⑤ Thong Nai Pan → S. 74**. Eingerahmt von grünen Hügeln sind die beiden goldgelben Sicheln ein Fest fürs Auge, das tiefblaue Wasser verführt geradezu zum Schwimmen. Ein feines Plätzchen zum Relaxen sind die INSIDER TIPP Beachbar und die Strandpavillons des Resorts **Dolphin → S. 75** am **Thong Nai Pan Yai → S. 74**, immer geöffnet hat die Küche im Strandrestaurant des Resorts **Central Cottage → S. 75**. Auch ein Bummel durch das kleine Touristendorf Thong Nai Pan macht Laune.

Wie wäre es nun mit einer Bootstour? Chartern Sie am Strand eines der Longtailboote. Bitten Sie Ihren Taxifahrer, Ihnen dabei behilflich zu sein, und vereinbaren Sie einen Treffpunkt in Chalok Lam. Ihr Fahrer wartet dort auf Sie, während Sie sich gemütlich an der Küste entlangschippern lassen. Das Boot braucht ca. 40 Minuten. Unterwegs können Sie **etwa auf halbem Weg** einen Zwischenstopp am Palmenstrand von **⑥ Hat Khuat → S. 83** einlegen und eine Runde schwimmen. **In ⑦ Chalok Lam → S. 81 treffen Sie Ihren Fahrer wieder und fahren über Thong Sala → S. 66 weiter nach Ban Tai → S. 69.**

16:00 Lassen Sie sich dort am **⑧ Wat Pho → S. 69** absetzen. In diesem Kloster heizen Ihnen die Mönche bis 18 Uhr mächtig ein – in einer Kräutersauna. Genießen Sie die Wärme und die wohltuenden Düfte und entspannen Sie sich.

1 km

④ Bucht von Sadet

7,5 km

⑤ Thong Nai Pan

9 km

⑥ Hat Khuat

5,5 km

⑦ Chalok Lam

14 km

⑧ Wat Pho

SPORT & WELLNESS

Auf Inselurlauber warten im Golf von Siam viele Arten von Wassersport. Aber auch an Land können Sie aktiv werden.

GOLF

Ko Samui ist keine Golfdestination wie etwa Phuket, aber auch hier können Sie auf schönen Plätzen einlochen. Der *Bophut Hills Golf Club (www.bophuthillsgolf.com)* zählt neun Löcher und liegt am Fuß der Berge hinter dem Dorf Bo Phut. Die Platzgebühr beträgt 1700 Baht. Wie eine Achterbahn zieht sich der Kurs des noblen *Samui Santiburi Country Club (www.santiburi.com)*, der zum gleichnamigen Beachresort gehört, über die Hügellandschaft hinter dem Mae Nam Beach. Er bietet nicht nur 18 Löcher, sondern auch eine spektakuläre Sicht auf die Küste. Die Platzgebühr beträgt 3000 Baht für Hotelgäste, 4000 Baht für Nichtgäste zzgl. 750 Baht für den Wagen und 300 Baht für den Caddy. Im *Royal Samui Golf Club (www.rsgcc.co.th)* bei Lamai können Sie neun Löcher schon für 650 Baht spielen. Golf-Komplettpakete inklusive Transfer offeriert *Samui Golf Holidays (www.samuigolf.net).*

INSELSAFARIS

Klar, Ko Samui ist nicht Afrika. Aber Safari ist der gängige Name für Touren, die in den Bergdschungel und die Küste entlangführen. Von jedem Reisebüro werden sie in zig Variationen angeboten: stundenweise, halb- oder ganztägig, mit

Bild: Mu Ko Ang Thong Marine National Park

Urlauber dürfen sich auf abenteuerliche Exkursionen unter Wasser und zu Land freuen und bei Wellnessanwendungen entspannen

dem Jeep, zu Fuß, auf Elefantenrücken, mit dem Kanu und mit Ochsenkarren. Ein Tagestrip kostet ca. 1700 bis 2500 Baht *(www.islandsafaritour.com)*. Inseltour auf Ko Phangan z. B. mit *Safari Boat (www.safariboat.info)*.

KANUFAHREN

Ein Vergnügen der Extraklasse: die Inselwelt des Meeresnationalparks Ang Thong mit ihren unberührten Stränden, Höhlen und schroffen Klippen im Kanu entdecken. Jedes Touristenbüro vermittelt Trips. Renommierter Veranstalter ist *Blue Stars (Tagestour 2500 Baht | www.bluestars.info)*, zum selben Preis bietet *Island Safari (www.islandsafaritour.com)* den Trip in die Inselwelt an. Zum Abschluss steht dann auf Ko Samui noch Elefantenreiten auf dem Programm.

KITEBOARDING

Der neueste Trend auf Ko Samui für die Fans von Wind und Wellen ist Kiteboarding. Die Surfer lassen sich von einem Fallschirm übers Meer ziehen, die Cracks heben dabei sogar ab. Dreistündige Schnupperkurse ab ca. 4000 Baht. Am Mae Nam Beach unterrichten die Profis von *Koh Samui Kiteboarding (www.kohsamuikiteboarding.com)*. Im Südwesten von Ko Samui im Samui Orchid Resort (beim Aquarium) hat *Kiteboarding Asia (www.kiteboardingasia.com)* eine Filiale. In der Zeit von Mai bis Oktober sind Wind und Wellen günstiger im Nordwesten der Insel, und *Kiteboarding Asia* zieht um in den Inselhauptort Nathon und unterweist die Kiteboarder direkt vor dem Grand Seaview Resotel. Auf Ko Phangan hat *One2Kite (www.one2kite.com)* sein Wassersportzentrum am Strand von Ban Tai aufgebaut und unterrichtet neben Kiteboarding auch Windsurfen (Tageskurs 4000 Baht) und das zunehmend beliebter werdende *SUP (Stand-up-Paddling)*. Dabei steht man auf einem Surfbrett mit einem Paddel in der Hand und versucht, die Wellen zu meistern (Schnupperstunde 500 Baht).

SCHNORCHELN

Die schönsten Schnorchelecken von Ko Samui finden Sie in der Bucht von Coral Cove, der Na Khai Bay und der Thong Son Bay. Das beste Korallenriff liegt vor Ko Tan. *TK Tour (www.tktoursamui.com/kayaking-snorkelling-trip.php)* veranstaltet einen ganztägigen Kajak-Schnorchel-Trip für 1500 Baht. Auf Ko Phangan können Sie am Riff vor Hat Yao, beim Inselchen Ko Ma vor Hat Mae Hat und in der Bucht von Hat Tien schnorcheln. Dort, wo Taucher unter Wasser gehen, finden auch Schnorchler die besten Plätze, um Korallen und kleine Fische zu sehen: im Ang Thong Marine National Park und besonders bei der Insel Ko Tao. Auch dorthin werden Schnorchelausflüge angeboten. Viele Tauchshops nehmen Schnorchler zu ermäßigten Tarifen mit auf ihre Tauchausflüge.

SEGELN

Ko Samui ist kein Seglerdorado wie die Insel Phuket, aber Yachten für Sunsetcruises, einen oder mehrere Tage können Sie auch hier chartern. Wer z. B. für einen privaten Trip in den Ang Thong Marine National Park den Katamaran „Kindred Spirit" (Schlafkojen für sechs Personen) inklusive Kapitän plus Ein-Mann-Crew für zwei Tage und eine Nacht chartern will, muss dafür 60 000 Baht hinblättern. Aber Sie können sich auch für weniger Geld den Wind um die Nase wehen lassen: Zum **INSIDER TIPP** Sunsetcruise vor der Küste Samuis dürfen Sie etwa bei *Private Yacht (www.private-yacht.com)* schon für 6500 Baht (zwei Personen) an Bord der Segelyacht „Smoothie". Weitere Charteryachten bei *Siam Sail (www.siam-sail.com)* und *Samui Ocean Sports (www.sailing-in-samui.com)*.

TAUCHEN

Unmittelbar vor Ko Samui und Ko Phangan sind keine bemerkenswerten Tauchgründe zu finden. Fast alle Tauchtouren führen in den Meeresnationalpark Ang Thong und besonders zum besten Revier im Golf von Siam, nach ★ *Ko Tao (Tour mit drei Tauchgängen und einer Übernachtung ca. 150 Euro)*. Auf Ko Tao unterhalten fast alle Tauchshops Filialen. In den Gewässern dieses Tauchparadieses fühlen sich Fächerkorallen ebenso wohl wie Walhaie. Renommierte Tauchschulen auf Ko Samui sind die deutsche Tauchschule *Calypso Diving (www.calypso-diving.com)*, *Easy Divers (www.thaidive.com)* und die *Samui International Diving School (www.*

planet-scuba.net). Auf Ko Tao tauchen Sie ab mit *Big Blue Diving (www.bigbluediving.com)*, auf Ko Phangan mit *PhanganDivers (www.phangandivers.com)* sowie der deutsch-englischen Tauchschule INSIDER TIPP *Chaloklum Diving (www.chaloklum-diving.com)*.

THAIBOXEN

Beim *muay thai*, dem Thaiboxen, geht's mit Händen und Füßen zur Sache. Auch Westler wollen lernen, wie's geht – unter ihnen immer mehr Frauen. Viele Boxcamps bieten auch Unterkünfte an. Empfehlenswerte Schulen auf Samui sind z. B. INSIDER TIPP *Pinyo Muay Thai (Lamai | www.wechpinyomuaythai.com)*, *Superpro Samui (Chaweng | www.superprosamui.com)* und *WMC Muay Thai Camp (Lamai | www.wmcmuaythaicamp.com)*. Auf Phangan können Sie in *Thong Sala* bei *Muay Thai Chinnarach (www.muaythaichinnarach.com)* in den Ring steigen.

WELLNESS

Auf Ko Samui gibt es ein großes Angebot an Spa- und Wellnessmöglichkeiten. Ayurveda, Reiki, Yoga, Massagen oder traditionelle Kräutersauna – Entspannung pur im Inselparadies. Man (vor allem Mann) sollte allerdings nicht in den erstbesten Massagesalon laufen ... Tipps zu seriösen und qualifizierten Anbietern gibt es im „Samui Spa Guide" *(www.siammap.com)*, der gratis in vielen Resorts ausliegt.

WINDSURFEN

Private Verleiher an den Stränden und größere Resorts bieten Surfbretter an. Im europäischen Winter von etwa November bis Februar treibt nordöstlicher Wind die Surfer an der Nordküste (Mae Nam, Bo Phut) und der Ostküste (Chaweng, Lamai) voran. Im europäischen Sommer bläst der Wind an der Westküste kräftig in die Segel.

Eldorado jeden Tauchers: die märchenhafte Welt der Korallenriffe rund um die Inseln

MIT KINDERN UNTERWEGS

Kinder sind in Thailand äußerst beliebt und werden überall herzlich willkommen geheißen. Für einen Urlaub mit Kindern sind Thailands Trauminseln besonders gut geeignet: Hier fühlt sich die ganze Familie wohl.

Vor allem die ganz Kleinen lösen bei den Thailändern Bemutterungsreflexe aus: Nur zu gerne werden Touristenkinder ihren Eltern vom Arm gepflückt und herumgetragen. In den meisten Restaurants dürfen sie herumkrabbeln, ohne dass sich jemand daran stört. Und die Größeren können ihrem Entdeckerdrang freien Lauf lassen. Die Umgebung bietet viel Spannendes: den traumhaften Strand, Muscheln in allen Farben und Formen, fremde Tiere und Pflanzen – so viel Neues, das den Horizont erweitert.

Die Natur hat Ko Samui als Badeinsel geschaffen, die auch für Kinder geradezu ideal ist. Die Hauptstrände sind feinsandig und ohne Steine oder Korallen, an denen sich die Kleinen verletzen könnten. Zudem ist das Wasser im Uferbereich meistens so flach wie im Planschbecken. Und noch einen großen Vorteil haben die Strände Ko Samuis: Viele Resorts liegen direkt am Strand, sodass auf dem Weg zur Mega-Sandkiste keine Straße überquert werden muss.

Und wenn es am Strand doch mal langweilig werden sollte, finden Sie auch abseits von Sand und Meer einige Attraktionen und Ausflugsziele, an denen Kinder ihre Freude haben dürften. Allerdings nur auf Ko Samui. Die touristische Infrastruktur auf Ko Phangan schließt Un-

 Bild: Elefantentrekking durch den Wald

Exotische Tiere, die Kinderliebe der Thais und traumhafte Strände machen den Urlaub auf Ko Samui für Groß und Klein zum Vergnügen

terhaltungsangebote für Kinder bislang noch nicht ein.

Fertige Babynahrung und Wegwerfwindeln können Sie auf Ko Samui in vielen Geschäften kaufen. Die größte Auswahl finden Sie im riesigen Supermarkt von Tesco Lotus in Bo Phut. Auf Ko Phangan ist das Angebot dagegen etwas begrenzter. Hierher kommen weniger Touristen mit Kindern – viele sind ja selbst fast noch Kids. Ihren Kinderwagen können Sie getrost zu Hause lassen. Auf den löchrigen Gehsteigen – falls solche überhaupt vorhanden – ist nur eine Kindertrage sinnvoll.

KO SAMUI: OSTKÜSTE

COCO SPLASH WATERPARK

(128 C3) (*🗺 F12*)

Ko Samuis erster Wasserpark befindet sich in Lamai. Hier kommen die kleinen und großen Gäste so richtig schön in Schwung – auf knallbunten Riesenrutschen geht's abwärts ins Becken. Die ganz Kleinen können sich in einem

Planschbecken abkühlen. Ein sprudelndes Vergnügen erwartet Besucher im großen Jacuzzi. *Tgl. 10.30–17.30 Uhr | Tageskarte 600 Baht | Lamai Beach, Abzweigung von der Ring Rd. am Ortseingang*

Auch kleinen Urlaubern bieten die Inseln unvergessliche Eindrücke

auf die Hauptstraße (Hat Lamai Rd.) und dann die zweite rechts (ausgeschildert) | www.samuiwaterpark.com

FOOTBALL GOLF (125 F2) (*🕮 H8*)

Die Idee zu dieser außergewöhnlichen Golfvariante hatte Tom Robinson aus Liverpool. Es gilt, einen Fußball in jedes der 18 Löcher der Anlage zu bugsieren – und zwar nicht mit einem Schläger, sondern mit dem Fuß. Ein Riesenspaß für große und kleine Ballkünstler! *Tgl. 9–18.30 Uhr | Eintritt 750 Baht, Kinder 300 Baht | Choeng Mon Beach an der Hauptstraße kurz vor dem Resort Imperial Boathouse aus Richtung Chaweng | www.samuifootballgolf.com*

MINIGOLFANLAGE CRAZY GOLF (125 E4) (*🕮 G9*)

Ein Spaß für Jung und Alt ist die Minigolfanlage mit dem verrückt klingenden, aber durchaus berechtigten Namen: Hier können Sie z. B. ins geöffnete Maul eines Betontigers einlochen. *Tgl. 11–24 Uhr | Eintritt 200 Baht, Kinder zahlen zwischen 11 und 18 Uhr 120 Baht | Chaweng Beach, Beach Rd. hinter Gringos Cantina, Abzweigung beim Restaurant The Islander*

INSIDER TIPP MINIGOLFANLAGE SEA VIEW (125 E1) (*🕮 G7*)

Auf der Minigolfanlage des Resorts *Arayaburi (www.arayaburi.com)* ganz oben im Osten der Insel dürfen nicht nur Hotelgäste auf den 18 Bahnen einlochen. Wunderschöne Lage! Wie der Name sagt, haben die Minigolfer das Meer im Blick. *Tgl. 8–19 Uhr | Eintritt 100 Baht, Kinder 50 Baht | Samrong Bay*

KO SAMUI: SÜD- UND WESTKÜSTE

ELEFANTENTREKKING

Elefanten sind nicht heimisch auf Ko Samui. Erst der Tourismus brachte die Dickhäuter auf die Insel. Das Verbot, in thailändischen Wäldern Holz zu fällen, hat viele Elefanten – ursprünglich für die Holzwirtschaft unentbehrliche Zug- und Lasttiere – arbeitslos gemacht. Auf der Suche nach neuen Erwerbsquellen ziehen die *mahouts*, die Halter der Elefanten, mit ihren Tieren dorthin, wo Touristen sind. Der Unterhalt von Elefanten ist nicht billig. Letztendlich sorgt der Tourismus dafür, dass sie weiterhin gezüchtet werden und trägt somit zu ihrem Überleben bei. Elefanten sind in Thailand besonders verehrte Tiere. Wird

irgendwo ein „weißer" Elefant (mit besonders hellen Farbpigmenten) geboren, gehört er traditionell dem König. Wer einen Elefanten umbringt oder auch nur verletzt, kann mit Gefängnis bis zu 30 Jahren bestraft werden.
Für Kinder ist die Begegnung mit den grauen Riesen allemal ein Abenteuer. Elefantentrekking können Sie in den Reisebüros buchen (1200 Baht, Kinder 700 Baht pro Stunde). Oder achten Sie einfach auf die Schilder zu den Camps entlang der Ringstraße. Sehr schön sind Touren auf Elefantenrücken im Dschungel bei den Wasserfällen von Na Muang an der Ringstraße von Lamai landeinwärts *(www.namuangsafarisamui.com)*. Auf Ko Phangan finden Sie ein Elefantencamp an der Hauptstraße 2 km vor Chalok Lam *(www.kohphanganelephanttrekking.com)*.

PARADISE PARK FARM ★

(127 E2) *(D11)*

Ziegen und Kaninchen, Ponys, Rehe und zahme Papageien – diese hoch in den Bergen gelegene Farm ist ein riesiger Streichelzoo und ein Paradies für Kinder. Restaurant, Swimmingpool, Spielplatz und tolle Sicht auf Küste und Meer bis nach Ko Phangan. Die Stars in der ursprünglich als Vogelpark angelegten Farm sind zwei sprechende Papageien, die Besucher auf Thai und Englisch begrüßen. Spazierwege führen durch das Gelände, vorbei an Bachläufen und kleinen Wasserfällen. Bestaunen Sie auch die üppige Tropenflora mit vielen Baumarten und farbenprächtigen Blumen. An Wochenenden kann es ziemlich voll werden im Park, weil auch Einheimische gerne hier oben die kühlere Bergluft genießen und sich im Swimmgpool mit Meerblick tummeln. Der Shuttleservice der Farm holt Gäste gegen einen Aufpreis auch von den Hotels ab. *Tgl. 9–18 Uhr | Eintritt 400 Baht, Kinder 350 Baht | Abzweigung von der Ring Rd. bei Ban Saket (ausgeschildert). Die Straße, die nahe Lamai von der Ring Rd. zum Tamin Magic Buddha Garden abzweigt, führt ebenfalls weiter zur Paradise Park Farm | www.paradiseparkfarm.com*

SAMUI AQUARIUM

(128 B5) *(E14)*

Großen Fischen ins Auge zu schauen dürfte auch kleine Leute faszinieren. Im *Samui Aquarium* schwimmen nicht nur bunte Korallenfische hinter den Glasscheiben, in den riesigen Becken tummeln sich auch Haie und Meeresschildkröten. Auch ein Tigerzoo gehört zur Anlage, die jedoch nicht europäischen Standards entspricht. *Tgl. 9–17 Uhr, Shows tgl. 13.30 und 14.30 Uhr | Eintritt 750 Baht, Kinder 200 Baht | Natien Beach | www.samuiaquariumandtigerzoo.com*

Einfach abhängen am Strand – das ist auch für die Jüngsten möglich

EVENTS, FESTE & MEHR

Religiöse Feste richten sich nach dem Mondkalender und haben variable Termine, aber auch weltliche Feiern werden teilweise jedes Jahr neu datiert. Die buddhistische Zeitrechnung ist übrigens der christlichen weit voraus. So entspricht etwa das Jahr 2016 nach Christus dem Jahr 2559 nach Buddha. Übersicht unter *www.thaifestivalblogs.com.*
An Feiertagen (s. Kasten) sind Behörden und Banken geschlossen; Wechselschalter haben aber geöffnet.

FESTE

JEDEN MONAT

★ ● ***Full Moon Party:*** Die allmonatliche Vollmondparty am Hat Rin auf Ko Phangan ist der Megaevent schlechthin. Tausende von Ravern tanzen am Strand, bis die Sonne aufgeht. *www.fullmoonparty-phangan.org*, *www.fullmoonparty-thailand.com*, *www.fullmoon.phangan.info*

INSIDER TIPP ***Black Moon Party:*** Ein paar Nummern kleiner als die Full Moon Party, aber nichtsdestotrotz ein Knaller; am Ban Tai Beach, *www.blackmoonparty-kohphangan.com*

★ ***Half Moon Party:*** Abtanzen im Dschungel bei psychedelischen Lichtinstallationen. Im Wald hinter Ban Tai an der Straße nach Thong Nai Pan. Die Partys steigen jeweils eine Woche vor und nach der Full Moon Party. *www.halfmoonfestival.com*

JANUAR/FEBRUAR

Chinesisches Neujahrsfest: Das neue Jahr wird mit einem Feuerwerk begrüßt. Auf Ko Samui, wo viele Bewohner von chinesischen Einwanderern abstammen, werden die alten Rituale befolgt. Zur Vorbereitung auf das Neujahrsfest gehört, dass das Haus gründlich gesäubert wird. Vor den Häusern bauen die Bewohner reich geschmückte Schreine auf und entzünden Räucherstäbchen.

FEBRUAR

Makha Pucha: An diesem offiziellen Feiertag zum Gedenken an Buddhas erste Predigt vor 1250 Gläubigen predigen Mönche die Lehren Buddhas, und bei Dunkelheit umrunden die Gläubigen mit Kerzen, Blumen und Räucherstäbchen dreimal den Tempel.

MAI

Auch zu ***Visakha Pucha*** (Gedenken an Buddhas Geburt) in der Vollmondnacht des Monats Mai finden solche Lichterprozessionen statt.

APRIL

★ ***Songkran:*** Kein Fest wird so ausgelassen gefeiert wie das thailändische Neujahrsfest vom 12. bis 14. April. Erst werden Buddhastatuen gewaschen, Kinder träufeln Wasser auf die Handgelenke ihrer Eltern, Gläubige benetzen die der Mönche. Nach diesem verhaltenen Auftakt heißt es: „Wasser marsch!" – aus Spritzpistolen, Bechern und Eimern. Wer zu Songkran unterwegs ist, hat bald keinen trockenen Faden mehr am Leib.

OKTOBER

Tot Kathin: Der Vollmondtag im Oktober bedeutet das Ende der Fastenzeit. Die Thais suchen ihre Heimattempel auf, um den Mönchen Opfergaben darzubringen, z. B. neue Roben oder Geschenkkörbe mit Dingen des täglichen Bedarfs.

NOVEMBER

Loi Kratong: Ein Fest für Romantiker! Körbchen *(kratong)* mit brennenden Kerzen werden zu Wasser gelassen. Etwa auf dem Teich in Chaweng, auf Flüsschen oder auf dem Meer, sofern dieses ruhig ist. Manche Hotels feiern Loi Kratong auch rund um den Swimmingpool. Mit den Minibooten soll die Wassergöttin Mae Khongka geehrt werden.

FEIERTAGE

1. Januar	Neujahr
Vollmond im Februar	*Makha Pucha*
6. April	*Chakri-Tag* (Gründung der Chakri-Dynastie)
12.–14. April	*Songkran*
1. Mai	Tag der Arbeit
5. Mai	Krönungstag von König Bhumibol Abdulyadej (Rama X)
Vollmond im Mai	*Visakha Pucha*
Vollmond im Juli	*Asaha Pucha* (Buddhas erste Predigt)
Tag nach Asaha Pucha	*Khaopansa* (Beginn der Fastenzeit)
12. August	Geburtstag von Königin Sirikit
23. Oktober	*Chulalongkorn-Tag* (Todestag von König Chulalongkorn)
5. Dezember	Geburtstag von König Bhumibol
10. Dezember	Tag der Verfassung
31. Dezember	Silvester

LINKS, BLOGS, APPS & CO.

LINKS & BLOGS

news.thaivisa.com/koh-samui/ Eine Fülle von aktuellen Infos, dazu Berichte, Videos und viel Hintergrundwissen

www.fullmoonparty-phangan.org Mal gucken, was auf der Vollmondparty und anderen Feten abgeht? Jede Menge Fotos vermitteln auf dieser deutschen Website Partystimmung

www.siammap.com Auf dieser Seite finden Sie die Online-Ausgabe des stylishen „Samui Holiday Magazine" sowie die besten Spas und Restaurants

www.kosamui.de Das Portal des deutschen Samui-Fans Gunther Dihlmann ist schon seit 1999 online und wird seitdem regelmäßig aktualisiert. Viele Infos und Fotos vermitteln einen guten Überblick

www.marcopolo.de/kosamui-kophangan Alles auf einen Blick zu Ihrem Reiseziel: interaktive Karten inklusive Planungsfunktion, Impressionen aus der Community, aktuelle News und Angebote ...

www.samui-samui.de Der Deutsche Patrick Kollitsch erkundet Ko Samui mit der Kamera und schreibt auf Deutsch über das ganz alltägliche Leben auf der Insel, die sein Zuhause geworden ist

www.kohsamui.org/blog Auch der Schwede Olle bloggt über seinen Alltag auf Ko Samui. Touristenplätze nimmt er dabei ebenso unter die Lupe wie den großzügigen Umgang der örtlichen Apotheken mit Antibiotika

www.myhomekohsamui.com Eindrücke einer Russin über Lebensart und Tourismus auf Ko Samui

short.travel/ksm1 In diesem Forum tummeln sich viele Ausländer, die auf Ko Samui leben. Wer hier eine Frage postet, kann kompetente Antwort erwarten

Egal, ob für Ihre Reisevorbereitung oder vor Ort: Diese Adressen bereichern Ihren Urlaub. Da manche sehr lang sind, führt Sie der short.travel-Code direkt auf die beschriebenen Websites. Falls bei der Eingabe der Codes eine Fehlermeldung erscheint, könnte das an Ihren Einstellungen zum anonymen Surfen liegen

wikitravel.org/de/Ko_Samui Die wichtigsten Infos zu Ko Samui von Touristen für Touristen – auch zu Ko Phangan und Ko Tao

short.travel/ksm3 Die Facebook-Seite hat über 50000 Fans. Informatives und Witziges über Ko Samui, dazu Fragen und Antworten

www.joinmytrip.de Allein verreisen war gestern! Traveller suchen auf dieser Plattform Reisegefährten und stellen ihre Reiseberichte online

VIDEOS & MUSIK

www.samui-webtv.com Wenn sich etwas Interessantes tut auf Ko Samui, sind die deutschen Macher von Samui WebTV mit der Kamera dabei

www.samuitv.com Videos zeigen die schönsten Seiten von Ko Samui, Ko Phangan und Ko Tao

short.travel/ksm2 Die Inseln in bewegten und stillen Bildern. Und natürlich darf auch die Full Moon Party von Ko Phangan nicht fehlen

wwww.samuiregatta.com/media/video Verschiedene Videos, die nicht nur eingefleischten Seglern Lust auf Wind und Meer machen – und auf die Party nach dem Törn

APPS

Amazing Thailand App App der staatlichen Tourismusbehörde für alle Smartphones. Deckt das ganze Land ab, bietet aber auch viele Infos zu Ko Samui und Ko Phangan

Ko Samui Travel Map Hier haben iPhone- und iPod-Nutzer die besten Karten. Und dank GPS wissen sie immer, wo sie sich gerade auf der Insel befinden

Koh Phangan – iLandGuide Mit dieser Android-App finden Sie sogar Pistenstraßen. Und Strände, Restaurants, Resorts, angesagte Partys ...

Ko Samui Manual Android-App mit Infos über Hotels, Restaurants, Sehenswürdigkeiten. Dazu Sprachtipps und Telefonnummern

PRAKTISCHE HINWEISE

ANREISE

Urlauber aus Europa müssen in Bangkok den Flieger wechseln. Nach Ko Samui *(www.samuiairportonline.com)* fliegen vom internationalen Hauptstadtflughafen Suvarnabhumi *(www.suvarnabhumiairport.com)* nur *Bangkok Airways (www.bangkokair.com)* und *Thai Airways (www.thaiairways.com)*. Bangkok Airways bietet je nach Saison bis zu 20 Flüge täglich an, Thai Airways fliegt zweimal am Tag nach Ko Samui. Die Preise im Tarifdschungel variieren aber stark. Der günstigste und oft lange im Voraus ausgebuchte Flug ist „Web Delight" von Bangkok Airways für 4190 Baht. Spartarif von Thai Airways ist der „Economy Full Flex" für 5435 Baht. Wenn Sie den Anschlussflug von Bangkok nach Ko Samui schon zu Hause gebucht haben, leiten die internationalen Fluggesellschaften das Gepäck gleich direkt weiter nach Ko Samui. Fragen Sie aber sicherheitshalber beim Einchecken nach. Selbst in der Hochsaison bieten renommierte Airlines Nonstop-Flüge ab Deutschland nach Bangkok für ca. 1100 Euro (retour) an. Billigflieger sind deutlich günstiger. Auch wenn Sie einen Flug mit Zwischenstopp (etwa in der Golfregion) buchen, können Sie sparen. Da vor allem zum Jahreswechsel freie Plätze knapp sind, sollten Sie so früh wie möglich buchen. Preiswerte Flüge im Internet z. B. unter *www.fliegen.de, www.billiger-fliegen.de, www.billigflug.de, www.opodo.de.*

Billiger als der Flug von Bangkok direkt nach Ko Samui ist der Flug von der Hauptstadt nach Surat Thani auf dem Festland, von wo aus Sie mit Fähren in ca. zwei Stunden auf die Insel übersetzen können. Tickets können Sie schon im Airport von Surat Thani kaufen. Nach Surat Thani fliegt *Thai Airways* vom Flughafen Suvarnabhumi. *Air Asia (www.airasia.com)* und der Billigflieger *Nok Air (www.nokair.com)* starten von Bangkoks zweitem, älteren Flughafen Don Muang *(www.donmuangairportonline.com)*. Die günstigsten Flüge sind bei Air Asia ab 990 Baht zu haben. Zum etwa halben Preis und noch günstiger (je nach Komfort) kommen Sie nach Surat Thani mit Bus oder Zug (10–12 Std.) Jedes Reisebüro in Bangkok bietet auch kombinierte Tickets für Bus und Fähre nach Ko Samui/Ko Phangan an. Diese kosten zwischen 25 und 40 Euro. Die Autofähren ab Donsak nahe Surat Thani

GRÜN & FAIR REISEN

Auf Reisen können auch Sie viel bewirken. Behalten Sie nicht nur die CO_2-Bilanz für Hin- und Rückreise im Hinterkopf *(www.atmosfair.de; de.myclimate.org)* – etwa indem Sie Ihre Route umweltgerecht planen *(www.routerank.com)* – , sondern achten Sie auch Natur und Kultur im Reiseland *(www.gate-tourismus.de; www.ecotrans.de)*. Gerade als Tourist ist es wichtig, auf Aspekte wie Naturschutz *(www.nabu.de; www.wwf.de)*, regionale Produkte, wenig Autofahren, Wassersparen und vieles mehr zu achten. Wenn Sie mehr über ökologischen Tourismus erfahren wollen: europaweit *www.oete.de*; weltweit *www.germanwatch.org*

großen Verleiher sind auf Ko Samui mit verschiedenen Stationen vertreten, z. B. am Airport mit *Avis (Tel. 0 84 700 81 61, www.avisthailand.com)*, *Budget (Tel. 0 77 96 15 02 | www.budget.co.th)*.

ÖFFENTLICHE VERKEHRSMITTEL

Auf Ko Samui fahren von frühmorgens bis etwa gegen 21 Uhr die *songtaeo* (Pick-ups) bestimmte Strecken zu Festpreisen. Vom Pier in Nathon zum Strand von Mae Nam kostet es 60 Baht, nach Chaweng 80 Baht, nach Lamai 100 Baht. An der dünn besiedelten Südküste kann es Stunden dauern, bis ein *songtaeo* vorbeikommt. Auch auf Ko Phangan sind tagsüber *songtaeo* zu Festpreisen unterwegs. Von der Haltestelle am Pier des Inselhauptorts Thong Sala nach Hat Rin oder zum Hat Yao (Long Beach) muss der Fahrgast 100 bzw. 150 Baht bezahlen.

POST

Luftpostbriefe nach Europa bis 10 g kosten 17 Baht, Postkarten 15 Baht (ca. 5–7 Tage), Luftpostpakete bis 10 kg 4250 Baht.

STROM

Die Netzspannung beträgt 220 Volt. Steckdosen für Rundstecker lösen die Dosen für Stecker mit flachen Polen immer mehr ab. Zwischenstecker bekommen Sie im Elektrohandel.

TELEFON & HANDY

Die Vorwahl nach Deutschland ist die 00 149, nach Österreich die 00 143, in die Schweiz die 00 141, dann wählen Sie die Ortsnetzkennzahl ohne die Null. Vorwahl aus dem Ausland nach Thailand 0066, dann die örtliche Nummer ohne die Null. Wenn Sie innerhalb Thailands Festnetznummern anrufen wollen, müssen Sie auch bei Ortsgesprächen immer die Ortsnetzkennzahl mitwählen.

Bunt verziert und samt Fahrer zu chartern: die öffentlichen Pick-ups

Im Handy-Zeitalter verschwinden auch in Thailand öffentliche Telefonzellen im Rekordtempo. Karten dafür gibt es aber noch in vielen Shops. Hotels erheben auf die offiziellen Tarife oft einen exorbitanten Zuschlag. Ihr Handy wählt sich automatisch in das Netz des thailändischen Partners Ihrer Mobilfunkgesellschaft ein. Am billigsten telefonieren Sie, wenn Sie die deutsche SIM-Karte rausnehmen und eine thailändische einlegen. Diese wiederaufladbaren Karten mit eigener Telefonnummer bekommen Sie in vielen Shops, z. B. bei 7-Eleven. Mit der offiziellen Vorwahl 00 149 kostet ein Anruf nach Deutschland mit einer thailändischen SIM-Karte etwa 20 Baht pro Minute. Die thailändischen Mobilfunkunternehmen bieten zunehmend eigene Ländervorwahlnummern mit den verschiedensten Tarifen und unterschiedlicher Gesprächsqualität an. Im Schnitt kostet die Minute nach Deutschland 8 Baht. Die zwei größten Gesellschaften sind *AIS (www.ais.co.th/12call/en/index.html)* und *DTAC (www.happy.co.th/home_en.php)*. Falls Sie ein Zweithandy für die thailändische SIM-Karte suchen, werden Sie in vielen Shops fündig. Ein neues Handy ohne Schnickschnack und Vertragsbindung kostet ca. 25 Euro. Gebrauchte Handys sind noch günstiger zu haben.

Ganz ohne Gebühren können Sie sich via Computer, Smartphone oder Tablet von Skype zu Skype unterhalten *(www.skype.com/intl/de)*. Auch der Gebrauch von Kurznachrichtendiensten wie *WhatsApp* (Smartphone, Tablet) oder dem *Facebook Messenger* (Smartphone, Tablet, PC) erleichtern die Kommunikation mit Zuhause und vor Ort.

TOURISTENPOLIZEI

Speziell für Touristen zuständig ist die *Tourist Police*. Sie ist landesweit unter *Tel. 1155* zu erreichen. Stationen auf Samui sind am Chaweng hinter McDonalds am Chaweng Lake und in Bo Phut an der Ringstraße nahe Big-C-Einkaufszentrum.

TRINKGELD

Trinkgeld ist in einfachen Lokalen oder an Essensständen (Garküchen) nicht üblich. Viele bessere Restaurants erheben von vornherein einen Bedienungszuschlag *(service charge)* von 10 Prozent. Der wird aber nicht unbedingt an das Personal weitergegeben – und so freut sich die Bedienung trotzdem noch über ein Trinkgeld. Taxifahrern gibt man üblicherweise

WETTER AUF KO SAMUI

	Jan.	Feb.	März	April	Mai	Juni	Juli	Aug.	Sept.	Okt.	Nov.	Dez.
Tagestemperaturen in °C	29	30	31	31	32	32	32	32	31	30	30	29
Nachttemperaturen in °C	24	25	25	26	26	25	25	24	25	24	23	24
Sonnenschein Stunden/Tag	9	9	9	8	8	6	5	5	5	6	8	9
Niederschlag Tage/Monat	9	7	6	10	11	10	9	8	13	14	15	8
Wassertemperaturen in °C	26	27	27	28	28	28	28	28	28	27	27	27

Sonnenschein Stunden/Tag · Niederschlag Tage/Monat · Wassertemperaturen in °C

kein Trinkgeld, der Fahrpreis wird aber auf die nächste runde Zahl aufgerundet. Da auf Ko Samui kein Taxifahrer den Taxameter einschaltet (obwohl „Meter Taxi" auf den Fahrzeugen steht), muss der Fahrpreis sowieso im Voraus ausgehandelt werden.

UNTERKÜNFTE

Auf Ko Samui und Ko Phangan finden Sie Unterkünfte für jeden Geldbeutel. Die in diesem Band angegebenen Kategorien für Hotelpreise beziehen sich auf die Hauptsaison von ca. Mitte November bis Ende Februar. Viele Hotels erheben für die sogenannte *peak season* zwischen Weihnachten und über Neujahr nochmals einen Zuschlag von 10 bis 20 Prozent. In der Vor- und Nachsaison dürfen Sie dafür mit Preisnachlässen von bis zu 40 Prozent rechnen. Billiger ist es auch, wenn Sie das Zimmer nicht telefonisch oder persönlich am Hotelschalter buchen, sondern über das Internet. Entweder direkt über die Hotelwebsite oder über einen auf Hotelbuchungen spezialisierten Anbieter wie *www.asiarooms.com, www.booking.com* oder *www.agoda.com.* Last-Minute-Schnäppchen finden Sie unter *www.latestays.com.* Örtliche Hotelanbieter im Netz sind z. B. *www.samuiwave.com* und *www.phanganresorts.com.*

Leider macht sich die Unsitte breit, dass Hotels ihre Gäste zum teuren Dinner an Weihnachten und Neujahr *(compulsory dinner)* zwangsverpflichten. Achten Sie bei der Buchung darauf, damit Sie keine unliebsame Überraschung erleben.

WÄHRUNG

Der thailändische *Baht* wird in 100 *Satang* unterteilt. Im Umlauf sind Scheine zu 20, 50, 100, 500 und 1000 Baht. Die kleinsten Münzen zu 25 und 50 Satang erhält man fast nur in Supermärkten. Gebräuchlich sind Münzen zu 1, 2, 5 und 10 Baht. Wechseln Sie Ihr Geld erst in Thailand (am Flughafen ungünstigerer Kurs).

WÄHRUNGSRECHNER

€	THB	THB	€
1	40,50	10	0,24
3	121,20	50	1,20
5	202,00	90	2,20
25	1010,00	150	3,70y
60	2424,00	500	12,00
90	3635,00	800	20,00
130	5251,00	5000	123,00
350	14 138,00	12 000	296,00
500	20 197,00	20 000	493,00

ZEIT

Mitteleuropäische Zeit plus 6 Stunden (Sommerzeit plus 5 Stunden).

ZOLL

Devisen im Wert von über 10 000 US-Dollar müssen bei der Einreise nach Thailand deklariert werden. Gegenstände des persönlichen Bedarfs dürfen zollfrei eingeführt werden. Für die Ausfuhr von Buddhastatuen, Antiquitäten und Tierprodukten braucht man eine Genehmigung. Historisch wertvolle Buddhastatuen und viele Tierprodukte dürfen nicht ausgeführt werden. Bei der Einreise in die EU dürfen Sie Waren im Wert von 430 Euro (Schweiz 300 Franken) mitbringen. Zollfreie Mengen in die EU (die Schweiz): 200 Zigaretten, 50 Zigarren oder 250 g Tabak, 1 l Alkohol über und 2 l Alkohol unter 22 Prozent (Schweiz 18 Prozent), 50 g Parfüm oder 250 g Eau de Toilette. *www.zoll.de, www.ezv.admin.ch*

SPRACHFÜHRER ENGLISCH

AUSSPRACHE

Zur Erleichterung der Aussprache sind alle englischen Wörter mit einer einfachen Aussprache (in eckigen Klammern) versehen.

θ „s" gesprochen mit der Zungenspitze an der oberen Zahnreihe, zischend

D „s" gesprochen mit der Zungenspitze an der oberen Zahnreihe, summend

' nachfolgende Silbe wird betont

ə angedeutetes „e" wie in „Bitte"

AUF EINEN BLICK

ja/nein/vielleicht	yes [jäs]/no [nəu]/maybe [mäibi]
bitte/danke	please [plihs]/thank you [θänkju]
Entschuldigung!	Sorry! [sori]
Entschuldigen Sie!	Excuse me! [Iks'kjuhs mi]
Darf ich ...?/Wie bitte?	May I ...? [mäi ai]/Pardon? [,pahdn]
Ich möchte .../Haben Sie ...?/Ich suche ...	I would like to ...[ai wudd 'laik tə]/Have you got ...? ['Həw ju got]/I'm looking for ... [aim luckin foə]
Wie viel kostet ...?	How much is ...? ['hau matsch is]
Das gefällt mir (nicht).	I (don't) like this. [Ai (dəunt) laik Dis]
gut/schlecht	good [gud]/bad [bäd]
kaputt/funktioniert nicht	broken ['brəukən]/doesn't work ['dasənd wörk]
zu viel/viel/wenig	too much [tu matsch]/much [matsch]/little [litl]
alles/nichts	everything ['evriθing]/nothing [naθing]
Hilfe!/Achtung!/Vorsicht!	Help! [hälp]/Attention! [ə'tänschən]/ Caution! ['koschən]
Krankenwagen	ambulance ['ämbjulənts]
Polizei/Feuerwehr	police [po'lihs]/fire brigade [faiə brigäid]
Verbot/verboten	ban [bän]/forbidden [fohr'biddän]
Gefahr/gefährlich	danger [deinschər]/dangerous ['deinschərəss]

BEGRÜSSUNG & ABSCHIED

Gute(n) Morgen/Tag/ Abend/Nacht!	Good morning [gud 'mohning]/afternoon [aftə'nuhn]/evening [,ihwning]/night [nait]!
Hallo!/Auf Wiedersehen!	Hello! [hə'ləu]/Goodbye! [gud'bai]
Ich heiße ...	My name is ... [mai näim is]
Wie heißen Sie?	What's your name? [wots jur näim]
Ich komme aus ...	I'm from ... [Aim from ...]

Do you speak English?

„Sprichst du Englisch?" Dieser Sprachführer hilft Ihnen, die wichtigsten Wörter und Sätze auf Englisch zu sagen

DATUMS- & ZEITANGABEN

Montag/Dienstag	monday ['mandäi]/tuesday ['tjuhsdäi]
Mittwoch/Donnerstag	wednesday ['wänsdäi]/thursday ['θöhsdäi]
Freitag/Samstag/Sonntag	friday ['fraidäi]/saturday ['sätərdäi]/sunday [,sandäi]
Feiertag/Werktag	holiday ['holidäi]/weekday ['wihkdäi]
heute/morgen/gestern	today [tə'däi]/tomorrow [tə'morəu]/yesterday ['jästədäi]
Stunde/Minute	hour ['auər]/minutes ['minəts]
Tag/Nacht/Woche	day [däi]/night [nait]/week [wihk]
Monat/Jahr	month [manθ]/year [jiər]
Wie viel Uhr ist es?	What time is it? [wot 'taim isit]
Es ist drei Uhr.	It's three o'clock. [its θrih əklok]
Es ist halb vier.	It's half past three. [its 'hahf pahst θrih]
Es ist Viertel vor/nach vier.	a quarter to/past four [ə 'kwohtə tə/'pahst 'foə]

THAI

Kursives (männliche Form) ist bei Bedarf entsprechend durch [...] (weibliche Form) zu ersetzen

Ja./Nein.	*kap [ka]*, tschai/mai tschai	ครับ(ค่ะ) ใช่/ไม่ใช่
Bitte./Danke.	koo ... noi/kop khun *kap [ka]*	ขอ...หน่อย/ขอบคุณครับ(ค่ะ)
Entschuldigung!	koo thoot	ขอโทษ !
Guten Tag!/Guten Abend!	sawadii *kap[ka]*	สวัสดีครับ(ค่ะ)
Auf Wiedersehen!	sawadii	สวัสดี !
Ich heiße ...	tschan dschu ...	ฉันชื่อ ...
Ich komme aus ...	tschan ma dschag ...	ฉันมาจาก ......
... Deutschland.	... pratet Jeraman	ประเทศเยอรมัน
... Österreich./Schweiz.	... pratet Austria/Switzerland	ประเทศออสเตรีย/ประเทศสวิส
Ich verstehe Sie nicht.	tschan mai kautschai khun	ฉันไม่เข้าใจคุณ
Wie viel kostet es?	ni laka taulai	นี่ราคาเท่าไร ?
Bitte, wo ist ...?	koo toot *kap [ka]* ... juu thi nai	ขอโทษครับ(ค่ะ) ... อยู่ที่ไหน ?

1	nüng	หนึ่ง	5	haa	ห้า	9	gau	เก้า
2	soong	สอง	6	hok	หก	10	sip	สิบ
3	saam	สาม	7	dschet	เจ็ด	20	ii sip	ยี่สิบ
4	sii	สี่	8	bäät	แปด	100	nüng loi	หนึ่งร้อย

UNTERWEGS

offen/geschlossen	open ['oupän]/closed ['klousd]
Eingang/Ausgang	entrance ['äntrənts]/exit [ägsit]
Abfahrt/Ankunft	departure [dih'pahtschə]/arrival [ə'raiwəl]
Toiletten	toilets ['toilət] (auch: restrooms [restruhms])
Wo ist ...?/Wo sind ...?	Where is ...? ['weə is]/Where are ...? ['weə ahr]
links/rechts/geradeaus	left [läft]/right [rait]/straight ahead [streit ə'hät]
Bus/U-Bahn/Taxi	bus [bas]/underground [,andəgraunt]/taxi [,tägsi]
Stadtplan/(Land-)Karte	street map [striht mäp]/map [mäp]
Bahnhof/Haltestelle	(train) station [(träin) stäischən]/stop [stap]
Flughafen/Hafen	airport ['eəpohrt]/harbour [hahbə]
Fahrplan/Fahrschein	schedule ['skädjuhl]/ticket ['tikət]
einfach/hin und zurück	single ['singəl]/return [ri'törn]
Zug/Gleis/Bahnsteig	train [träin]/track [träk]/platform [,plätfohm]
Ich möchte ... mieten.	I would like to rent ... [Ai wud laik tə ränt ...]
ein Auto/Fahrrad/Boot	a car [ə kahr]/a bicycle [ə 'baisikl]/a boat [ə bout]
Tankstelle/Werkstatt	petrol station ['pätrol stäischən]/garage [,gärasch]

ESSEN & TRINKEN

Die Speisekarte, bitte.	The menue, please. [Də 'mänjuh plihs]
Könnte ich bitte ... haben?	Could I please have ...? [kudd ai 'plihs häw ...]
Salz/Pfeffer/Zucker	salt [sohlt]/pepper ['päppə]/sugar ['schuggə]
Essig/Öl/Zitrone	vinegar ['viniga]/oil [oil]/lemon [,lämən]
mit/ohne Eis/Kohlensäure	with [wiD]/without ice [wiD'aut ais]/gas [gäs]
Vegetarier(in)/Allergie	vegetarian [wätschə'täriən]/allergy ['ällədschi]
Ich möchte zahlen, bitte.	May I have the bill, please? [mäi ai häw De bill plihs]

EINKAUFEN

Apotheke/Drogerie	pharmacy ['farməssi]/chemist ['kemist]
Bäckerei/Markt	bakery ['bäikəri]/market ['mahkit]
Einkaufszentrum/Kaufhaus/Supermarkt	shopping mall ['schopping mol]/department store [di'pahtmənt stohr]/supermarket [,sjupəmahkət]
100 Gramm/1 Kilo	100 gram [won 'handrəd gräm]/1 kilo [won kiləu]
teuer/billig/Preis	expensive [iks'pänsif]/cheap [tschihp]/price [prais]
mehr/weniger	more [mor]/less [läss]

ÜBERNACHTEN

Ich habe ein Zimmer reserviert.	I have booked a room. [ai häw buckt ə ruhm]
Einzelzimmer	single room ['singəl ruhm]
Doppelzimmer	double room ['dabbəl ruhm] (bei zwei Einzelbetten: twin room ['twinn ruhm])

Frühstück/Dusche/Bad	breakfast ['bräckfəst]/shower ['schauər]/bath [bahθ]
nach vorne/zum Meer	forward [fohwəd]/to the sea [tu Də sih]
Schlüssel/Zimmerkarte	key [ki]/room card ['ruhm kahd]
Gepäck/Koffer/Tasche	luggage ['laggətsch]/suitcase ['sjutkäis]/bag [bäg]

BANKEN & GELD

Bank/Geldautomat	bank [bänk]/ATM [äi ti äm] (auch: cash machine ['käschməschin])
Ich möchte ... wechseln.	I'd like to change ... [aid laik tu tschäindsch]
bar/ec-Karte/Kreditkarte	cash [käsch]/ATM card [äi ti äm kahrd]/credit card [krädit kahrd]
Banknote/Münze	note [nout]/coin [koin]
Wechselgeld	change [tschäindsch]

GESUNDHEIT

Arzt/Zahnarzt/Kinderarzt	doctor ['doktər]/dentist ['däntist]/pediatrician [pidiə'trischən]
Krankenhaus/ Notfallpraxis	hospital ['hospitəl]/ emergency clinic [i'mördschəntsi klinik]
Fieber/Schmerzen	fever ['fihwər]/pain [päin]
Durchfall/Übelkeit	diarrhoea [daiə'riə]/nausea ['nohsiə]
Schmerzmittel/Tablette	pain reliever [päin re'lihwər]/tablet ['täblət]

TELEKOMMUNIKATION & MEDIEN

Telefonkarte/Handy	phone card ['founkahd]/mobile ['mobail]
Wo finde ich einen Internetzugang?	Where can I find internet access? [wär känn ai faind 'internet 'äkzäss]
Brauche ich eine spezielle Vorwahl?	Do I need a special area code? [du ai nihd ə 'späschəl 'äria koud]
Internetanschluss/WLAN	internet connection ['internet kə'näktschən]/ Wifi [waifai]

ZAHLEN

0	zero ['sirou]	10	ten [tän]
1	one [wan]	11	eleven [i'läwn]
2	two [tuh]	12	twelve [twälw]
3	three [θri]	20	twenty ['twänti]
4	four [fohr]	50	fifty ['fifti]
5	five [faiw]	100	(one) hundred [('wan) 'handrəd]
6	six [siks]	1000	(one) thousand [('wan) θausənd]
7	seven ['säwən]	10000	ten thousand ['tän θausənd]
8	eight [äit]	1/2	a/one half [ə/wan 'hahf]
9	nine [nain]	1/4	a/one quarter [ə/wan 'kwohtə]

REISEATLAS

Verlauf der Erlebnistour „Perfekt im Überblick"
Verlauf der Erlebnistouren

Der Gesamtverlauf aller Touren ist auch in der herausnehmbaren Faltkarte eingetragen

 Bild: Lamai Beach

Unterwegs auf Ko Samui/Ko Phangan

Die Seiteneinteilung für den Reiseatlas finden Sie auf dem hinteren Umschlag dieses Reiseführers

A
B
C
1
2
3
4
5
6
Ao Ba
Ao Thong Phlu
Bang Po Beach
Health Oasis Resort
Laem Noi
Chariya Bungalows
Laem Na Hin Daeng
Km 44
Km 43
Nang Phong Tam Sae
Ban Bang Po
Km 45
Ban Thong Phlu
Ao Ka Ki
Km 46
4169
Laem Yai
43
137
Ao Laem Yai
322
Med Sai Bungalows
Km 47
Khlong Bang Klang
Chalet
Bird Garden
Garden Home
Km 48
Ao Bang Makham
Ban Bang Makham
Buffalo Fighting Stadium
Km 49
Wat Si Tawip
Ban
Chai Thong House
Km 50
Damrong Town Hotel
Chao Koh
Seaview Guest House
NATHON
Chinese Temple
Palace Hotel
Win Hotel
Market
Jinta Bungalow
Wat Chaeng
Seaview Hotel
Km 1
Ban Phru Kam
Gulf of
Thailand
4169
Ban Na Thon
Khlong Li Pa Yai
Km 2
Samui Hospital
Laem Din
Ban Laem Din
Sawai Home Bungalow
The Siam Residence
1 km
0.62 mi
Santi Bay
(Ao Laem Din)
Lipa Lodge
Ban Thang Soi
Km 1
4174
Rajchapruek Samui Resort
Lipa Lovely Resort
Wat Ko Samui

126

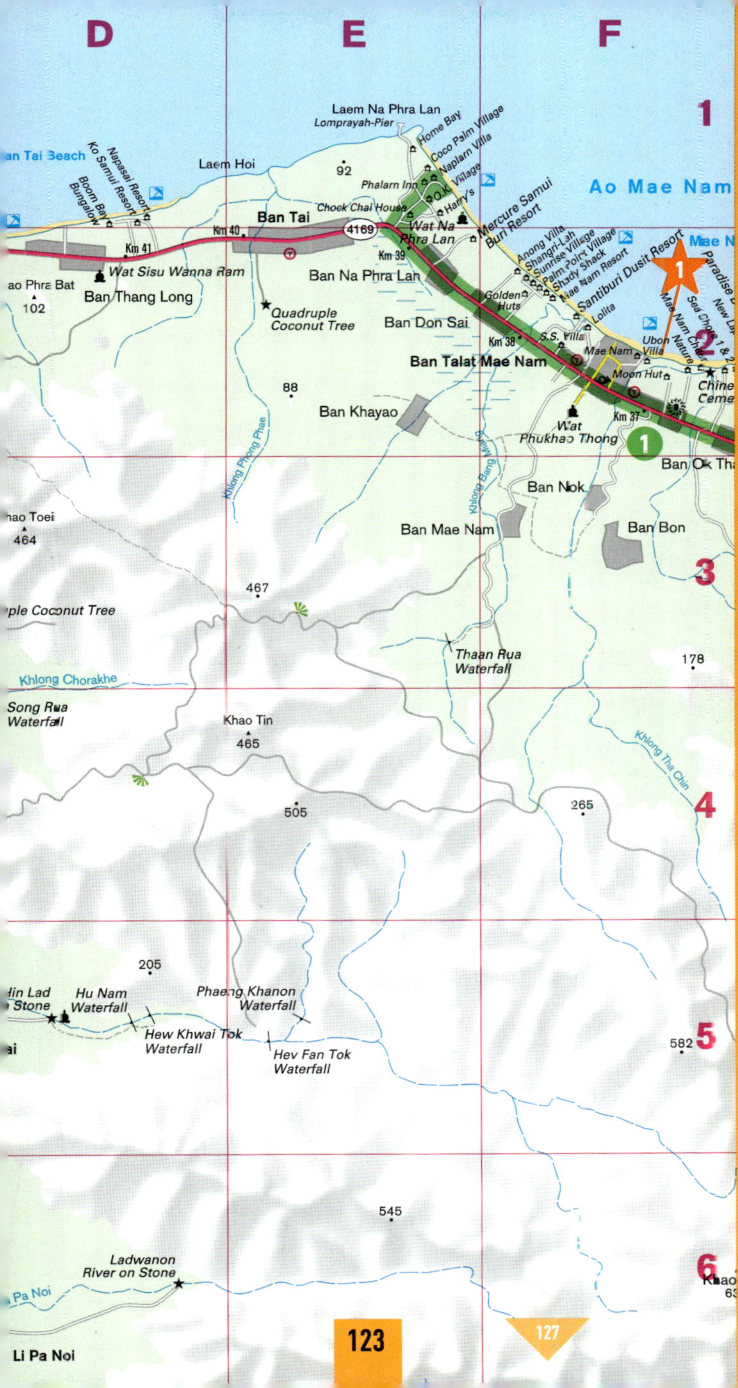
D
E
F
1
2
3
4
5
6
Laem Na Phra Lan
Lomprayah-Pier
Home Bay
Coco Palm Village
Naplarn Villa
O.K. Village
Harry's
Phalarn Inn
Chock Chai House
Wat Na Phra Lan
Mercure Samui Buri Resort
Ao Mae Nam
an Tai Beach
Napasai Resort
Ko Samui Resort
Boom Bay Bungalow
Laem Hoi
92
Ban Tai
Km 40
4169
Km 41
Km 39
Wat Sisu Wanna Ram
ao Phra Bat
102
Ban Thang Long
Ban Na Phra Lan
Quadruple Coconut Tree
Ban Don Sai
Anong Villa
Shangri-Lah
Sunrise Village
Palm Point Village
Shady Shack
Mae Nam Resort
Santiburi Dusit Resort
Golden Huts
Lolita
Km 38
S.S. Villa
Ban Talat Mae Nam
Mae Nam
Ubon Villa
Moon Hut
Mae Nam Nature
Sea Shore 1 & 2
Paradise
New La
88
Ban Khayao
Wat Phukhao Thong
Km 37
Ban Ok Tha
Khlong Phong Phae
Khlong Bang
Ban Nok
Ban Mae Nam
Ban Bon
hao Toei
464
467
ple Coconut Tree
Thaan Rua Waterfall
178
Khlong Chorakhe
Song Rua Waterfall
Khao Tin
465
Khlong Tha Chin
505
265
205
Hin Lad Stone
Hu Nam Waterfall
Phaeng Khanon Waterfall
Hew Khwai Tok Waterfall
Hev Fan Tok Waterfall
582
545
Ladwanon River on Stone
Pa Noi
Li Pa Noi
Khao
127

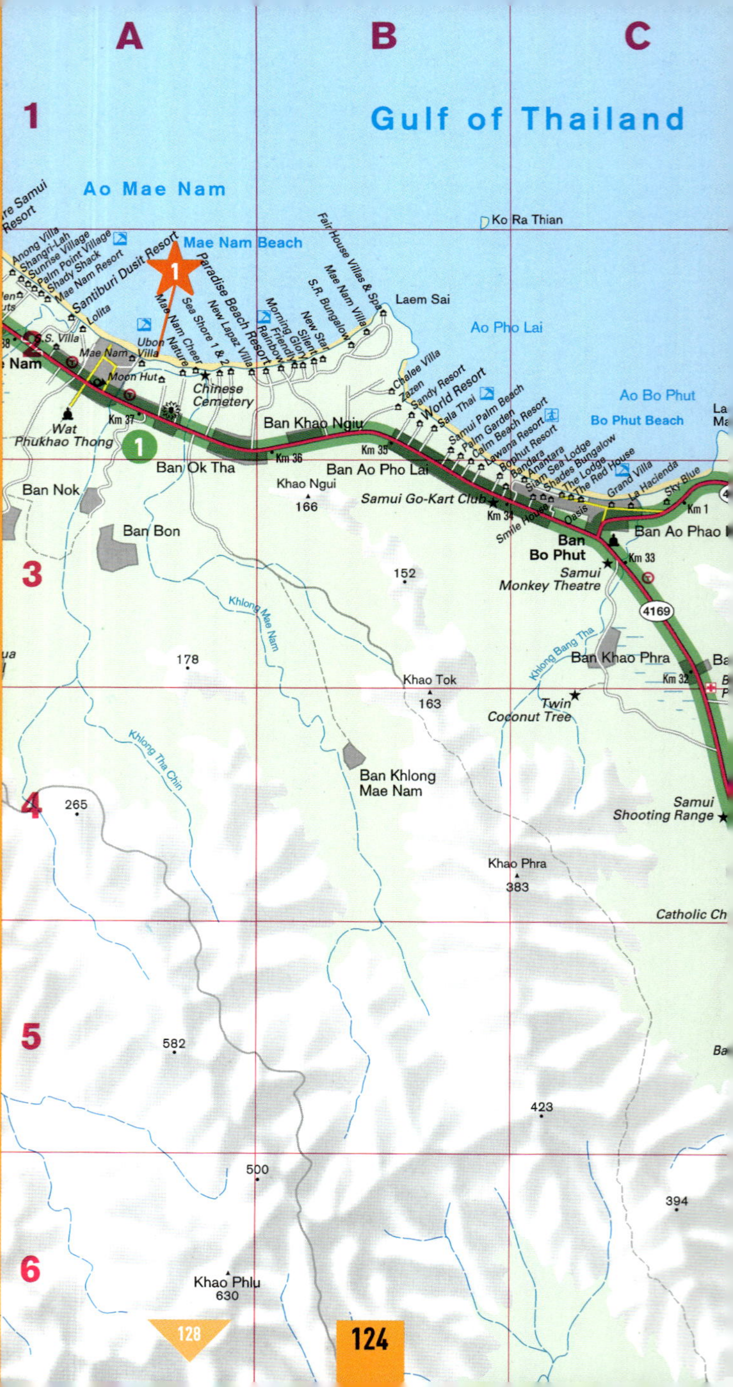

A
B
C
1
2
3
4
5
6
Gulf of Thailand
Ao Mae Nam
Mae Nam Beach
Ko Ra Thian
Laem Sai
Ao Pho Lai
Ao Bo Phut
Bo Phut Beach
Anong Villa
Shangri-Lah
Sunrise Village
Palm Point Village
Shady Shack
Mae Nam Resort
Santiburi Dusit Resort
Lolita
S. Villa
Mae Nam
Moon Hut
Ubon Villa
Mae Nam Nature
Sea Shore 1 & 2
Paradise Beach Resort
New Lapaz Villa
Morning Glory
Friendly
Rainbow
Silent
New Star
S.R. Bungalow
Mae Nam Villa
Fair House Villas & Spa
Chinese Cemetery
Wat Phukhao Thong
Km 37
Km 36
Km 35
Km 34
Km 33
Km 32
Km 1
Ban Khao Ngiu
Ban Ok Tha
Ban Ao Pho Lai
Khao Ngui
166
Chalee Villa
Zazen
Sandy Resort
World Resort
Sala Thai
Samui Palm Beach
Palm Garden
Calm Beach Resort
Lawana Resort
Bophut Resort
Bandara
Anantara
Siam Sea Lodge
Shades Bungalow
The Lodge
The Red House
Grand Villa
La Hacienda
Sky Blue
Smile House
Oasis
Samui Go-Kart Club
Ban Bo Phut
Ban Ao Phao
Samui Monkey Theatre
4169
Ban Nok
Ban Bon
152
Khlong Mae Nam
178
Khao Tok
163
Khlong Bang Tha
Ban Khao Phra
Twin Coconut Tree
Khlong Tha Chin
Ban Khlong Mae Nam
265
Samui Shooting Range
Khao Phra
383
Catholic Ch
582
423
500
394
Khao Phlu
630
128

D
E
F
1
2
3
4
5
6
Lum Mu Noi
Ko Som
Laem Samrong
Silva Evason
Ao Samrong
Laem Thong Son
Thong Son Bay (Ao Thong Son)
Laem Thong Po
Arayaburi Sea View Minigolf
Coco
Melati
Thong Son Bay
Ao Thong Po
Ao Plai Laem
Ao Choeng Mon
The Tongsai Bay
Choeng Mon Beach
98
O Soleil
Thana Resort
The White House
Choengmon Beach Hotel
Ko Fan Noi
Ko Fan Yai
Island View
Big Buddha
Bang Plai Naem
Minigolf International
Km 9
Imperial Boat House
Laem Kathong
Ban Plai Laem
Bang Rak
Bang Rak Beach
(Big Buddha Beach)
Ko Fan
Laem Fan
Wat Nuan Na Ram
Samui Fishing Park
Samui Football Golf
Km 8
Ao Phung
Km 11
Km 10
Klong Ao Choeng Mon
Farm Bay Resort
Nara Garden
Samui Mermaid
Pumpreeda Hip Resort
Ocean View Resort
The Oriental Samui Resort
Sunset Song
Samui Lodge
Secret Garden
Kinnaree Resort
Beach House
Km 4
The Scent
4171
92
Ko Phung
Laem Phung
Km 7
Ao Thong Rang
Km 3
Ban Bang Rak
Khao Duang Nok
218
Laem Hin Ngo
Samui Crocodile Farm
Km 6
Samui International Airport
I.K.K. Bungalows
Coral Bay Resort
Khao Ket
65
Km 5
Ao Yai Noi
Ban Chai Thale
Ban Laem Son
Laem Son
Samui International Hospital
Chaweng Villa Resort
Marine Bungalow
Moon Bungalow
Blue Lagoon
Your Place
Lazy Wave
Venus Resort
Kanda Buri
Chaba Chabana
The Briza
43
Ko Mat Lang
Fighting Stadium
Wat Khao Hua Chuk
Amari Palm Reef Resort
Chaweng Beach Hotel
Tango Beach Resort
Corto Maltese
Km 1
90
Wat Pangbua
Km 4
Muang Kulaypan Hotel
Mercure Resort
Km 2
Chaweng Lagoon
Relax Resort
The Island
Chaweng Blue Lagoon
Samui Natien
Iyara
Marlin
O.P. Bungalow
Chaweng Yai Beach
Chaweng
Buffalo Fighting Stadium
Chaweng
Baan Chaweng Resort
Ever Green Resort
Best Beach Bungalow
Coconut Resort
Montien House
Malibu Resort
Long Beach Lodge
Ko Na Thian
Muang Samui
Chaweng Regent
Chaweng Villa
Ao Chaweng Yai
King's Bungalow
Al's Hut
Sunset Bungalow
Samui Coral Resort
Chaweng Garden Beach
Anchor House Resort
Samui Royal Beach
Renu Guest House
The Princess Village
Km 2
The Library
Chaweng Buri Resort
Chaba Samui Resort
Beachcomber Hotel
Silver Sand
Banana Fan Sea
Chaweng Beach
Hotel
Chaweng Resort
Chaweng Cove
Tradewinds Resort
Centara Grand
Arabian Bungalow
Public Beach
Ao Chaweng
Km 28
Parrot
Samui Resotel
Chaweng Cabana
Poppies Samui Resort
Escape Beach Resort
Lagoon Bay
Samui Paradise Chaweng
Samui Buri
Lucky's Home
Ko Fan
The Fair House
Central Samui Heart
Laem Ko Fan
New Star Bungalow
Km 27
The Imperial Samui
Ao Chaweng Noi
4169
Chaweng Noi Beach
Santa Lucia Resort
The Victorian Resort
Chaweng Noi
Pongpetch Guesthouse
Bird's Eye
Km 26
Samui Bay View Villa
1 km
0.62 mi

129

A
B
C
122
1
2
3
4
5
6
The Siam Residence
Santi Bay
(Ao Laem Din)
Lipa Lodge
Ban Thang Soi
Km 1
4174
Rajchapruek Samui Resort
Lipa Lovely Resort
Wat Ko Samui
Laem Chon Khram
Km 2
Ko Samui Naval Base
Km 3
Ban Chon Khram
Ban Don
Ban Thung
Infoo Palace
Ar An Resort
Wat Nara Charoen Suk
Samui Ferry Inn
Ban Thong Yang
Ban Klang
Laem Yai Krai
Khlong Luk
Coco Cabana Beach Club
Ban Na Sai
Nasai Garden
77
Ban Khok Krua
Ao Na Sai
Baan Taling Ngam Resort
Ban Thu
Laem Ling Lot
Gulf of
Am Samui Resort
Nong Nam
Khlong Tha Chot
Ban Chai Thale
Västervik
Wat Kiri Wongkaram
Km 3
Thailand
Elephant Gate
Ban Tali
Ban Chai Chai
Ao Taling Ngam
Km 4
Taling Ngam Beach
2
4170
Ko Thalu
Ko Din
Khao Chai Chai
201
Km 5
Wild Life Park
Ao Phang Ka
Pearl Bay
Ban Phang Ka
Seagull Bungalow
Km 6
Laem Phang Ka
Elements
Ko Malaeng Pong
7
Emerald Cove Bungalows
Khao Tok
Wat Khin Mat
135
Ban Thong Tanot
Jinta Villa
Coconut Villa
Laem Hin Khom
Ao Hin Lat
1 km
0.62 mi

D
E
F
545
123
Ladwanon
River on Stone
Li Pa No
Li Pa Noi
Khao
1
Khao Thai Kwai
635
13
Khlong Sa Ket
Paradise Park Farm
2
Buffalo Fighting Stadium
Km 7
Samui Hin
3
465
Khlong Tha Sieo
Ban Khlong Sak
Na Muang II Waterfall
Tamin Magic
Buddha Garden
11
Km 8
1
Giant Valley
Na Muang I Waterfall
Khao Yai Waterfall
Km 9
4169
Top & Hill Guest House
Km 10
Ban Khok Khanum
Khao Puk
163
Buffalo Fighting
Stadium
Km 11
1
Ban Durian
Km 12
3
Ban Thapo
Km 13
Ban Nok Sai
Km 1
Wat Khunaram
(Mumified Monk)
4
Wat Pradoem
Ban Don Taeng
Khao Khwang
410
Ban Na Phon
Phang Ka
Old Buddha Image
Km 2
Khlong Leng
4173
Samui
Km 13
Ban Mai
135
5
Triple Coconut Tree
Km 3
Km 2
Buddha Footp
Km 11
Ban Thale
Km 10
Wat Klang
2
Ban Thale Park
Ban Thong Krut
Ban Bang Kao
River Garden
Bungalows
4170
Ban Laem So
2
Km 8
Km 9
Yoga Thailand
Bang Kao Bay
(Ao Bang Kao)
Ban Hua Laem So
Thong Krut Bay
(Ao Thong Krut)
6
Pagoda Khao Chedi
Pagoda Chedi Laem Sor
60
Laem Sor

A
B
C
124
Khao Phlu
630
195
Khlong Tha Lamai
573
Samui Hin
Khlong Tha Sieo
465
Tamin Magic
Buddha Garden
11
565
Giant Valley Restaurant
498
Ban Lamai
Lamai Cultural Ha
Ban Thung
Market
Muang Thai Clinic
Km 19
Khao Yai Waterfall
Khlong Tha Ret
Khlong Bang Nam Chut
Doi Tai Views
4169
Varinda Resort
Green Canyon
Lamai Chalet
Baan Thai Resort
95
Km 18
Ban Durian
Wang Sao Waterfall
Overlap Stone
Floral House
White Elephant Resort
Km 17
Km 12
Samui ATV Park
Ban Thapo
Si La Ngu Pagoda
Pine Bungalow
Rocky Resort
Swiss Chalet Resort
Best Wishes
Chinda House
Noi Bungalow
Samui Park Resort
Hinta Hi
(Grandmo
Wat Samret
Km 13
Samui Animal Theatre
Ban Hua Thanon
Km 1
Wat Khunaram
(Mumified Monk)
Buffalo Fighting Stadium
Coral Buddha Image
Km 14
Km 15
Km 16
Natta Guest House
Wat Pradoem
Ban Don Taeng
Ban Phang Hin
Ban Ok
Market
7
Ban Na Khai
Ao Bang Nam C
5
Wat Samret
(Secret Coral Buddha Image Hall)
Ban Khao Noi
Khlong Leng
Km 2
Km 16
Ban Na Khut
Na Khai Bay
Samui Stadium
Ban Han
Hi-He's Resort
Km 13
Km 15
135
4170
Km 14
Samui Aquarium
Samui Orchid Resort
Km 12
Buddha Footprint
Khao Puk
63
Ko Samui
(Thailand)
Ban Thale
Khao Tha Le
102
Ban Thale Park
Laem Na Thian
Ko Na Thian
River Garden Bungalows
Samui Butterfly Garden
Centara
Kamalaya
Sasha Resort
Bang Kao Bay
(Ao Bang Kao)
Laem Set
1
2
3
4
5
6

Ao Chaweng Noi
D
E
F
125
1
2
3
4
5
6
Km 27
The Imperial Samui
Chaweng Noi Beach
4169
Santa Lucia Resort
The Victorian Resort
Chaweng Noi
Pongpetch Guesthotel
Bird's Eye
Km 26
Samui Bay View Villa
Ban Chaweng Noi
Mountain Coral Resort
Km 25
Coral Cove Beach
Coral Cove Resort
Coral Cove Chalet
Khlong Ao Chaweng
Hi Coral Cove
Laem Ma Ngaen
Km 24
Beverly Hills Resort
268
332
Thong Takhian Bay
(Ao Thong Ta Khian)
Golden Cliff Resort
The Little Mermaid
Crystal Bay
Samui Silver Beach Resort
Km 23
Samui Yacht Club
Laem Thong Yang
6
Tamarind Hill Retreat
Flower Paradise
Island Books
Beer's House
New Hut
Wishes
My Friend Bungalow
Buddy Samui
107
Ao Thong Khrok
Km 21
Km 22
Comfort Bungalow
Green Banana Village
Laem Thong Khrok
Lamai Resort
Sand Sea Resort
Riverside Bungalow
Samui Laguna Resort
Tapi
Surat Palm Resort
Sukasam Bungalow
The Spa Resort & Health Center
Weekender Villa
Rose Garden
Island Resort
Thanasak Beach
Bay View Villa
Gaid Kaew Resort
Ao Thong Nan
Laem Nan
The Pavilion Resort
Lamai Beach
Ao Lamai
Sand Beach Resort
Laem Lamai
1 Mui Bungalows
2 Utopia Resort
3 Lamai Coconut Resort
4 Weekender Hotel & Resort
5 Coconut Beach
6 Suan Tale Resort
7 Bonny Hotel
8 Lamai Inn 99
9 Lamai Wanta
10 Best Resort
11 Rim Guesthouse
12 Kanok
13 Visit
Gulf of Thailand
1 km
0.62 mi

A
B
C
1
2
3
4
5
6
12
Ko Maa
Ao Hat Thonglang
Laem Kong Noi
Utopia
Crystal Island Garden
Mae Hat Bay Resort
Mae Hat Bungalow
Island View Cabana
(Ao Mae Hat)
Mae Hat Bay
Ban Mae Hat
Wang Sai Resort
Laem Chua
Wang Sai Waterfall
Ao Hat Salad
Hat Salad Beach
My Way
Salad Hut
Hat Thian
Ben Jawaan
Dream Hill
Ao Hat Yao
Bayview
Easy Bungalow
Hat Yao Beach
Long Bay Resort
Silver Beach
Sea Board
Ibiza Bungalow
Hat Yao Bungalows
Sandy Bay
Had Son Resort
Rock Garden
Great Bay
Gypsy
Ao Niat
Sea Flower
Sri Thanu
Chao Pao Beach
Blue Ocean Garden
Bovy Resort
Laem Son
Laem Son Bar
Seaview Rainbow
Wat Si Thanu
Ban Sri Thanu
Ao Sri Thanu
Sri Thanu Beach
Laem Sri Thanu
Loy Fa
Chai Bungalow
Nantakarn Resort
Lipstick Cabana
Hin Kong
Ban Hin Kong
Wat Samai Khongkha
Hin Kong Beach
Wok Tum Bay
(Ao Wok Tum)
Ban Wog Tum
Tuk
Kiet
O.K.
Wat Amphawan
Wat Khao Noi
Ko Phangan
(Thailand)
Laem Hin Nok
Darin
Chuenjitt
Khao Hin Nok
142
Sea Scene
Bounty
Baan Plaay Laem
Porn Sawan
Cookie
Beach 99
Ban Don San
Tranquil Resort
Siripun
Charn
Pha Ngan Bungalow
Suan Inn
Nai Wok Bay
(Ao Nai Wok)
Wat Rat Charoen
Thong Sala
Thong Sala Beach
Ko Tae Nai
Ko Tae Nok
Laem Son
Petch Cottage
Nawin House
Pha Ngan Villa
Moonlight
Sundance
Weang Thai
Bamboo Hut
Charm Beach Resort
Chokana Resort
First Villa
Wat Khao Tha
Ao Bang Charu
Dew Shore Bungalow
First Bay Resort
Laem Tanote Resort
P. Park
Ban Ta
Gulf of Thailand
1 km
0.62 mi
Ao Khom
Khom Beach
Coral Bay
Chalok Lam Bay
(Ao Chalok Lam)
Wattana Resort
Try Thong Resort
Fanta
Chaloklum Bay Resort
Mandalai Hotel
Ban Chalo
Chalok Lam Diving School
Wat Chalok Chala
First Bow & Arrow Club
Khao Tha Luang
478
Kuan Yin Temple
10
Ban Madua Wan
Jade Budd
Pha Wat
Ban
250
62
105
158

D
E
F
1
2
3
4
5
6
Laem Kung Yai
Ao Hat Khuat
Bottle Beach (Khuat Beach)
Laem Son
Ao Chok
Laem Chong Chok
Laem Pak Nok
Kin Non
Bottle Beach
Hat Kuat Resort
Khao Ban Fai Mai
240
Santhiya
Laem Pak Chong
Baan Tapan Noi
Thong Ta Pan Resort
Ao To Pan Noi
Honey
Hat Thong Nai Pan Noi Beach
Bio's Guest House
Star Hut Resort
Laem Klang
Panviman Resort
Hat Thong Nai Pan Yai Beach
White Winds
Candle Hut
Chanchit Dreamland
Ao To Pan Yai
Laem Tham Thong Rak
Wat Thong Nai Pan
Central Cottage
White Sand
Ao Krang Khai
Wang Thong Waterfall Resort
Pen
Dolphin
Nice Beach
Ban Thong Nai Pan
Laem Tha Bo
Wang Thong Waterfall
Ko Kong Than Sadet
Ao Hat Kruat
Khao Lat Mai Kaeo
378
Somsak
Laem Tham Khang Khao
Pla
Hat Sadet Beach
J.S. Hut
Silver Cliff
Daeng Waterfall
Mai Pen Rai
Laem Maphrao
Than Wang Thong Resort
Ao Thong Peng
498
Ban Thong Nang
Than Sadet
Thong Nang Waterfall
Than Sadet Waterfalls
Saam Pan Waterfall
Laem Kata Khwam
Laem Nai Pho
Laem Bo Prang
385
Than Prapat Waterfall
Ao Than Prapat
Laem Wok Ta Chang
525
Ao Hat Yang
Laem Nok Rong
Ao Hat Yao
Ban Nua
Twin Coconut Tree
Wat Pho
Sramanora River on stone
535
Ban Nok
Ban Khai
Beam Bungalow
Ao Wai Nam
Hat Tien Resort
Laem Hat Wai Nam
Hat Tien Sanctuary
Hat Tien Beach (Ao Hat Tien)
Laem Hang
Ao Hat Yuan
Thai House
Wave House
Mac's Bay Resort
Jub
New Heaven Hut
Sabai
Lee Garden
Free Love
Pha Ngan Lodge
Copa
Pan Beach
Pha Ngan Rainbow
Green Peace
Golden Beach
Sun Sea Resort
Bankai Orchid
Thong Yang
Beer Huts
415
Ban Khai Beach
Harmony Beach Resort
Silvery Moon
Laem Ta To
Mountain Sea
Serenity Hill
Hat Rin
Star
Bang Son Villa
Blue Hill
Pooltrup
Hillside
Seaview
Tiara Palace
Palita Lodge
Ao Hat Rin
Rainbow
Nee
Pha Ngan Bay Shore Resort
Crystal Palace
Pha Ngan Orchid Resort
Neptune's Villa
Anant
Hat Rin Nai Beach (Hat Rin West)
Black & White
Paradise
Rin Nok Beach (Hat Rin East)
Sea Breeze
Sri Kantang
Leela Bungalow
Leela Beach
Light House
Laem Hat Rin
1 Tommy's Resort
2 Sunrise
3 Hat Rin Resort
4 Royal Garden
5 Seaside
6 Coral
7 Sunset Bay
8 Rin Bay View
9 Family House
10 Rin Beach Resort
11 Sun Cliff

KARTENLEGENDE

Highway Fernverkehrsstraße Strada di transito Autovía	Post office Postamt Posta Oficina de correos
Main road Hauptstraße Strada principale Carretera principal	Hospital Krankenhaus Ospedale Hospital
Secondary road Nebenstraße Strada secondaria Carretera secundaria	Police Polizei Polizia Policía
Carriage way Fahrweg Strada carrozzabile Camino vecinal	Broadcasting station Funkstation Stazione radio Emisora
Path Pfad Sentiero Sendero	Waterfall Wasserfall Cascata Cascada
Petrol station Tankstelle Stazione di rifornimento Estación de servicio	Lighthouse Leuchtturm Faro Faro
Car park Parkplatz Parcheggio Aparcamiento	Point of interest Sehenswürdigkeit Curiosità Curiosidad
Km 46 — Distances in km Kilometer-Angabe Distanze in km Distancia en km	Hotel Hotel Albergo Hotel
Airport Flughafen Aeroporto Aeropuerto	Beach Strand Spiaggia Playa
Information Information Informazione Información	Scuba diving Sporttauchen Sport subaqueo Submarinismo
Buddhist temple Buddha-Tempel Tempio buddista Templo budista	Waterskiing Wasserski Sci nautico Esquí acuático
Chinese temple Chinesischer Tempel Tempio cinese Templo chino	Snorkelling Schnorcheln Sport sottomarino Buceo
Mosque Moschee Moschea Mezquita	Coral reef Korallenriff Scogliera corallina Arrecife
Church Kirche Chiesa Iglesia	Prohibited Area Sperrgebiet Zona vietata Area prohibida
Market Markt Mercato Mercado	View point Aussichtspunkt Panorama Vista panorámica
MARCO POLO Discovery Tour 1 MARCO POLO Erlebnistour 1 MARCO POLO Giro awentura 1 MARCO POLO Recorrido aventura 1	1 — MARCO POLO Highlight
MARCO POLO Discovery Tours MARCO POLO Erlebnistouren MARCO POLO Giro awentura MARCO POLO Recorrido aventura	

REGISTER

In diesem Register sind alle im Reiseführer erwähnten Orte, Sehenswürdigkeiten, Ausflugsziele und Strände sowie wichtige Sachbegriffe und Personen aufgeführt. Gefettete Seitenzahlen verweisen auf den Haupteintrag.

SCHREIBEN SIE UNS!

Egal, was Ihnen Tolles im Urlaub begegnet oder Ihnen auf der Seele brennt, lassen Sie es uns wissen! Ob Lob, Kritik oder Ihr ganz persönlicher Tipp – die MARCO POLO Redaktion freut sich auf Ihre Infos.
Wir setzen alles dran, Ihnen möglichst aktuelle Informationen mit auf die Reise zu geben. Dennoch schleichen sich manchmal Fehler ein – trotz gründlicher Recherche unserer Autoren/innen. Sie haben sicherlich Verständnis, dass der Verlag dafür keine Haftung übernehmen kann.

MARCO POLO Redaktion
MAIRDUMONT
Postfach 31 51
73751 Ostfildern
info@marcopolo.de

IMPRESSUM
Titelbild: Strand von Ban Taling Ngam, Ko Samui (huber-images: O. Stadler)
Fotos: DuMont Bildarchiv: Sasse (50, 102); W. Hahn (Klappe l., 1 u., 25, 40, 75, 78, 82, 106 u.); huber images: S. Damm (120/121), K. Kreder (49), Mehlig (4), R. Schmid (12/13, 20/21, 34, 37, 65), O. Stadler (1 o.); huber-images/Limmatdruck (28 r.); © iStockphoto: Mike Panic (18 o.); Laif: Sasse (53); Look/age fotostock (Klappe r.); K. Maeritz (11, 44, 104); mauritius images: M. Bärsch (5), J. Warburton-Lee (93); mauritius images/age (54); mauritius images/Alamy (5, 7, 9, 10, 17, 29, 63, 66/67, 76/77, 84/85, 96/97); mauritius images/Imagebroker: J. Beck (52); mauritius images/imagebroker: Kreder (14/15, 46, 103); mauritius images/Imagebroker: K. Kreder (90), O. Stadler (26/27); mauritius images/Westend61 (99); mauritius imags/Alamy (3); mauritius/Alamy (2); H. Mielke (81); O. Stadler (8, 22, 28 l., 30, 32/33, 38, 42/43, 61, 68, 72, 94, 106 o., 113); O. Stadler/A. Stubhan (105, 107); T. Stankiewicz (30/31, 31, 56/57, 58, 71, 100/101, 104/105); Tamarind Springs, Samui (19 o.); The Library (18 M.); Treetop Tour Cable Ride: Brian Shook (18 u.); Vikasa Yoga (19 u.)

8. Auflage 2016
Komplett überarbeitet und neu gestaltet

Chefredaktion: Marion Zorn; Autor: Wilfried Hahn; Bearbeiter: Mark Markand
Redaktion: Ulrike Frühwald; Verlagsredaktion: Susanne Heimburger, Tamara Hub, Nikolai Michaelis, Kristin Schimpf, Martin Silbermann; Bildredaktion: Gabriele Forst; Im Trend: wunder media, München
Kartografie Reiseatlas: © Berndtson & Berndtson Productions GmbH, Fürstenfeldbruck
Kartografie Faltkarte: © Berndtson & Berndtson Productions GmbH, Fürstenfeldbruck
Gestaltung Cover, S. 1, S. 2/3, Faltkartencover: Karl Anders – Büro für Visual Stories, Hamburg;
Gestaltung innen: milchhof:atelier, Berlin; Gestaltung Erlebnistouren: Susan Chaaban Dipl.-Des. (FH)
Sprachführer: in Zusammenarbeit mit Ernst Klett Sprachen GmbH, Stuttgart, Redaktion PONS Wörterbücher

BLOSS NICHT

Was Sie auf Ko Samui und Ko Phangan unbedingt beachten sollten

DIE SONNE UNTERSCHÄTZEN

Eine Seefahrt ist nicht immer lustig. Auf den Fährbooten vom Festland und zwischen den Inseln halten sich viele Passagiere an Deck auf. Bei Ankunft am Pier mussten schon Passagiere mit Sonnenstich von der Fähre getragen werden. Deshalb unbedingt auf eine Kopfbedeckung achten und Sonnenschutzmittel auftragen.

AUF DROGEN EINLASSEN

Auch auf Ko Phangan sind die Zeiten vorbei, in denen Kneipen auf Schildern für ihre Omeletts mit berauschenden Pilzen warben und man an jeder Ecke *ganja* (Marihuana) kaufen konnte. Trotzdem ist die Insel keine drogenfreie Zone geworden. Bei den vielen Partys wird schon mal der Joint weitergereicht, aber Sie können nie sicher sein, ob nicht doch ein Polizist in Zivil in der Nähe ist. In jedem Fall besser Finger weg von Drogen jeglicher Art. Denn in Thailand wird selbst der Besitz kleinster Mengen Drogen mit drakonischen Strafen von bis zu 15 Jahren Gefängnis geahndet.

NACKT BADEN

An abgelegenen Stränden auf Ko Samui und vor allem auf Ko Phangan lassen sich Touristen durch die scheinbar paradiesischen Zustände dazu verleiten, alle Hüllen fallen zu lassen. Aber Nacktbaden ist in Thailand eine Gesetzeswidrigkeit und ein grober Verstoß gegen die Landessitten.

ZU VERTRAUENSSELIG SEIN

Ko Samui und Ko Phangan sind weitgehend sichere Reiseziele. Doch wer Begehrlichkeiten weckt, indem er seine dick gefüllte Brieftasche zeigt, muss damit rechnen, dass er seine Barschaft unfreiwillig los wird. Auch sollten Sie das Gepäck nicht unbeaufsichtigt lassen. Auf Ko Phangan kommt es hin und wieder auch vor, dass abgebrannte Langzeiturlauber andere Touristen beklauen. Verwahren Sie Ihre Wertsachen nicht in den Rustikalbungalows, sondern geben Sie sie an der Rezeption ab.

MIT THAIS STREITEN

Thais sind im Allgemeinen nicht rechthaberisch und sehen ausländischen Touristen vieles nach. Allerdings kann auch ihr Geduldsfaden einmal reißen. Wenn ein Thai der Meinung ist, er habe sein Gesicht verloren, kann die Lage eskalieren. Und oft weiß der Fremde gar nicht, wodurch er den Einheimischen beleidigt hat. Sollte ein Thai doch einmal wütend werden, ziehen Sie sich am besten mit einem Lächeln der Entschuldigung zurück.

OHNE HELM MOPED FAHREN

In Thailand herrscht Helmpflicht, auch wenn viele Einheimische diese ignorieren. Folgen Sie dem schlechten Beispiel nicht. Die Unfallgefahr auf den schmalen und kurvigen Straßen der Inseln ist hoch, und gerade Touristen werden gezielt von der Polizei kontrolliert.